Manon Sander

Schulstart – kinderleicht!

Das Praxisbuch für Lehrer

Mit CD-ROM

Auer Verlag GmbH

Aufgrund der besseren Lesbarkeit wird nur die männliche Form verwendet. Selbstverständlich sind Schülerinnen, Lehrerinnen und Erzieherinnen jeweils mit angesprochen!

Gedruckt auf umweltbewusst gefertigtem, chlorfrei gebleichtem
und alterungsbeständigem Papier.

1. Auflage 2009
Nach den seit 2006 amtlich gültigen Regelungen der Rechtschreibung
© by Auer Verlag GmbH, Donauwörth
Alle Rechte vorbehalten
Das Werk und seine Teile sind urheberrechtlich geschützt. Jede Nutzung in anderen als den gesetzlich zugelassenen Fällen bedarf der vorherigen schriftlichen Einwilligung des Verlages. Hinweis zu § 52 a UrhG: Weder das Werk noch seine Teile dürfen ohne eine solche Einwilligung eingescannt und in ein Netzwerk eingestellt werden. Dies gilt auch für Intranets von Schulen und sonstigen Bildungseinrichtungen.
Illustrationen: Julia Flasche, Berlin
Satz: Fotosatz H. Buck, Kumhausen
Druck und Bindung: Franz X. Stückle Druck und Verlag, Ettenheim
ISBN 978-3-403-06239-4

www.auer-verlag.de

Inhaltsverzeichnis

Vom Kindergarten zur Grundschule:
Warum ist dieser Übergang so wichtig? 5

Vor der Einschulung 7

- → Gespräche zwischen Schule und Kindergarten
  bzw. Lehrer und Erzieher 8
- → Sprachtests im Kindergarten 8
- → Gemeinsame Unternehmungen von Grundschule und Kindergarten 9
- → Besuche von Lehrern und Schülern im Kindergarten 9
- → Besuche der zukünftigen Schüler in der Schule 11
- → Vorschläge für die Besuchsstunden 12
- → Jahrgangsgemischte Lerngruppen 17
- → Probeunterricht der zukünftigen Schüler 17
- → Einladungen der zukünftigen Schüler zu besonderen Anlässen 18
- → Jüngere Geschwister von Schulkindern: die zukünftigen Grundschüler .. 19
- → Briefe von den Klassenlehrern an die zukünftigen Schüler 19
- → Wenn die Klassenlehrer noch nicht feststehen 20
- → Elternabend vor der Einschulung 21
- → Erklärungen zu den Lernvoraussetzungen auf Elternabenden 21
- → Eltern-Kind-Gespräche mit der Schulleitung 22
- → Schuluntersuchung vor der Einschulung 23
- → Anschaffungen für die Schulzeit 24
- → Schultüten 24

Planungsliste 26

Der erste Schultag 29

- → Der Empfang in der Schule 30
- → Die Einschulungsfeier 31
- → Die Klassenvergabe mit Motto 32
- → Der erste Unterricht 33
- → Sitzordnung in der neuen Klasse 33
- → Die ersten Hausaufgaben 34
- → Infomaterial für die Eltern 35
- → Einführung für die Eltern 35
- → Gottesdienst 37
- → Fotos 37

Planungsliste 38

Die ersten Wochen ... 39
- → Die ersten Tage ... 40
- → „Die Kinder dort abholen, wo sie stehen" ... 40
- → Individueller Unterricht ... 44
- → Das Klassenzimmer ... 44
- → Frühstück ... 45
- → Essen und Trinken im Unterricht ... 46
- → Große Pause ... 46
- → Regeln ... 47
- → Dienste ... 47
- → Rituale ... 48
- → Geburtstage ... 49
- → Erziehung zur Selbstständigkeit ... 50
- → Ordnung ... 50
- → Umgang mit Schuleigentum ... 50
- → Wir sind eine klasse Klasse ... 51
- → Hilfen zur Konfliktlösung ... 52
- → Kinder mit Problemen ... 53
- → Ehrlichkeit ... 53
- → Fehler ... 54
- → Klassentagebuch ... 55
- → Kinderbücher und Geschichten ... 55
- → Der erste Elternabend ... 56
- → Elternarbeit ... 57
- → Elternsprechtage ... 59
- → Schwere Schulranzen ... 60
- → Sicherer Schulweg ... 61
- → Umgang mit Hausaufgaben ... 62
- → Kranke Kinder ... 65
- → Sportunterricht ... 66
- → Klassenkasse ... 66
- → Verschiedene Lehrer ... 66
- → Lehrerwechsel ... 67
- → Einladung der Familie ... 67
- → Paten ... 67
- → Schere – Stifte – Kleber ... 68
- → Briefe an die Eltern ... 68
- → Kontakt zum Kindergarten ... 69

Planungsliste ... 70

Vom Kindergarten zur Grundschule:
Warum ist dieser Übergang so wichtig?

Im Leben gibt es viele Einschnitte und Umorientierungen. Einer der ersten wesentlichen Einschnitte ist die Einschulung. Erstmals werden echte Ansprüche an die Kinder gestellt und Aufgaben erteilt, die erfüllt werden müssen. Während in der Kindergartenzeit die Eltern meist in regem Kontakt mit der Einrichtung stehen, nimmt dieser im Laufe der Schulzeit immer mehr ab. Die Kinder sind häufiger auf sich allein gestellt.

Die Einschulung kann gut gelingen oder eben weniger gut. Wie auch immer: Diese Erfahrung stellt in jedem Fall die Weichen für die weitere Schullaufbahn in den kommenden Jahren. Ein positives Schulbild wird in der Grundschule vermittelt – oder auch zerstört.

Die Eltern spielen in diesem Prozess eine wichtige Rolle. Stehen sie der Schule und den Lehrern positiv gegenüber, dann werden auch die Kinder eine positive Einstellung gewinnen. Gegen negative Grundeinstellungen müssen Sie als Lehrer ankämpfen. Lassen Sie die zukünftigen Schüler wissen, dass sich alle in der Schule freuen, sie, die neuen Erstklässler, begrüßen zu dürfen. Die Kinder müssen merken, dass sie willkommen sind.

Gleichzeitig ist es wichtig, ihnen ein Bild von Schule zu vermitteln, das von Regeln geprägt ist. Die meisten ehemaligen Kindergartenkinder kennen bereits Gesprächsregeln und können sich an einfache Regeln halten. Ihnen muss klargemacht werden, dass dies auch in der Schule gilt, dass es dort sogar noch viel weitgreifendere Regeln gibt. Um diese durchzusetzen, ist der Satz „Wir sind hier doch nicht mehr im Kindergarten!" absolut unpassend. Im Kindergarten herrscht bei Gesprächen und konzentriertem Arbeiten oft mehr Ruhe als in einer Schulklasse. Hingegen bringt die Frage, ob man gewisse Dinge denn nicht im Kindergarten schon gelernt habe, viel schneller den gewünschten Erfolg.

Dieses Buch bietet vielfältige Tipps und Hinweise, wie der Schulanfang positiv gestaltet werden kann. Die Tipps sind als Anregungen zu verstehen, ausdrücklich nicht als Liste, die es Punkt für Punkt abzuarbeiten gilt. Natürlich müssen Sie nicht jeden Ratschlag umsetzen; dazu fehlt Ihnen mit Sicherheit die Zeit. Das Buch ist vielmehr eine Ideensammlung und gibt Hilfestellung.

Viele gute Ideen scheitern an äußeren Gegebenheiten. Vielleicht ist der Kontakt zum Kindergarten nicht so gut oder vielleicht stehen auch die neuen Klassenlehrer noch nicht endgültig fest. Bemühen Sie sich trotzdem um einen guten Start, denn es zahlt sich für die Kinder aus. Und für Sie selbst ebenfalls: Angenehmes Arbeiten mit motivierten Kindern macht schließlich auch Ihnen mehr Spaß!

Ein gutes Verhältnis zu den abgebenden Kindergärten bzw. deren Mitarbeitern ist von Vorteil. Mitunter blickt man vonseiten der Schule etwas herablassend auf den Kindergarten – ähnlich wie manch eine weiterführende Schule auf Grundschulen herabblickt. Häufig liegt dies aber einfach nur am mangelnden Kontakt. Denn im Grunde möchten Kindergarten und Grundschule dasselbe: Kinder erziehen, Kindern etwas mitgeben und ihnen einen guten Lebensweg ebnen. Durch gegenseitige Besuche, gemeinsame Projekte und Erfahrungsaustausch können beide Seiten nur gewinnen. Die Erzieher sind schließlich auch immer daran interessiert, wie es den Kindern in der Schule geht; der Abschied fällt ihnen nicht leicht.

Die Erwartungen, die von allen Seiten an die Schule gestellt werden, sind einerseits immens hoch: Vermittlung von Wissen, umfassende Betreuung und Erziehung der Kinder soll sie leisten. Andererseits wird der Beruf des Lehrers, vor allem der des Grundschullehrers, als ein sehr einfacher abgetan. Schreiben, rechnen und lesen kann ja schließlich jeder! Und das sowieso besser als Grundschullehrer! Die vielen Vorschläge in diesem Buch verhelfen allen Beteiligten zu einem kinderleichten Schulstart. Binden Sie möglichst viele Personen ein – dann wird der Übergang vom Kindergarten zur Schule auch gelingen.

Vor der Einschulung

Noch werden die Kinder einige Zeit im Kindergarten verbringen. Trotzdem können Sie schon im Jahr vor der Einschulung die ersten Kontakte zu den Kindern knüpfen, mit denen sie später die Schule besuchen werden.

Es gibt viele Pflichttermine für Kontakte zwischen den Kindern, ihren Eltern und der Schule, darunter erste Gespräche mit der Schulleitung, die Einschulungsuntersuchung und ein erster Elternabend. Darüber hinaus bieten sich etliche weitere Gelegenheiten, durch die allen die Eingewöhnung erleichtert wird.

→ **Gespräche zwischen Schule und Kindergarten bzw. Lehrer und Erzieher**

Die Erzieher im Kindergarten oder in der Kindertagesstätte konnten die Kinder über zwei oder drei Jahre hinweg kennenlernen und haben sich in dieser Zeit ein Bild gemacht über die Zusammenarbeit einzelner Kinder mit anderen und ihr Verhalten in der Gruppe. Daher können Erzieher wertvolle Tipps geben. Aber selbstverständlich darf ein Kind nicht mit einer Beurteilung aus dem Kindergarten die ganze Schulzeit durchlaufen und einzig auf dieser Grundlage bewertet werden, denn es sind ständig Veränderungen im Lernverhalten und in der Persönlichkeitsstruktur zu erkennen.

Im Vorfeld eines Gesprächs mit den Erziehern muss für jedes Kind einzeln abgeklärt werden, ob die Eltern mit einem solchen Gespräch einverstanden sind. Um spätere gegenteilige Aussagen zu vermeiden, sollte diese Einwilligung in schriftlicher Form vorliegen. Viele Kindergärten klären das schon sehr früh ab; fragen Sie aber bitte trotzdem nach.

Die Gespräche sollten nicht in Anwesenheit von Kindern und/oder Eltern geführt werden, sondern unter vier Augen mit dem Erzieher. Entweder besuchen Sie zu diesem Zweck die Einrichtung oder Ihre Schule lädt die verschiedenen Einrichtungen zu einem Gespräch ein, bei dem dann die Lehrer der ersten Klassen anwesend sind.

Falls Eltern keine Einwilligung zur Weitergabe der Informationen gegeben haben, könnten Sie sich bei einem Besuch im Kindergarten selbst ein Bild machen. Oft reichen schon zehn Minuten Beobachtung in der Gruppe, ein kurzes Gespräch mit dem Kind allein und ein paar gemeinsame Spiele und Übungen, um zu wissen, mit wem Sie es zu tun haben.

→ **Sprachtests im Kindergarten**

In manchen Bundesländern wird im Kindergarten ein Sprachtest durchgeführt. Am Test selbst können Sie wenig ändern, die Inhalte sind vorgegeben. Er bietet Ihnen jedoch eine gute Gelegenheit, mit dem Kindergarten Kontakt aufzunehmen. Für viele Kinder stellt der Test die erste Berührung mit der Schule dar. Versuchen

Sie, den Kindern ein positives Bild von der Schule zu vermitteln. Auch wenn es sich nicht um Ihre späteren Schüler handelt, ist dies die erste Schüler-Lehrer-Beziehung für die Kinder. Sie sollte in positiver Erinnerung bleiben!

Gleichen Sie das Testergebnis mit den Erfahrungen der Erzieher ab – speziell wenn der Test schlecht für das Kind ausfällt. Legen Sie Wert auf die Meinung der Erzieher und stellen Sie klar, dass Sie nicht über Ergebnisse kindergarteninterner Tests, sondern über die Erfahrung im Umgang mit dem Kind informiert werden möchten. Aber auch bei Kindern, die den Test gerade so bestehen, besteht Gesprächsbedarf! Viele Erzieher fühlen sich Lehrern gegenüber in einer schlechteren Position. Möglicherweise haben sie Angst, ihre Meinung zu äußern. Betonen Sie abermals, dass Sie großen Wert auf ihr Urteil legen. Sie können nur gewinnen, denn Ihre wichtigsten Informationsquellen über Lern- und Leistungsstand der Kinder sind vor der Einschulung deren Erzieher.

Besprechen Sie mit ihnen, was die Kinder vor Schulbeginn noch lernen müssen. Eine gute Vorarbeit (z. B. Umgang mit Stiften und Scheren oder Einüben des An- und Ausziehens) nimmt Ihnen eine Menge Arbeit ab. Der Austausch ermuntert die Erzieher, mit Ihnen an einem gemeinsamen Ziel zu arbeiten. Legen Sie vorher schon fest, welche Themen Sie besprechen möchten, dann wird das Gespräch strukturierter sein. Loben und unterstreichen Sie mehrfach die Wichtigkeit der Arbeit der Erzieher für einen erfolgreichen Schulstart der Kinder.

Bitten Sie die Erzieher ganz besonders darum, Kindern mit schlechten Testergebnissen (und ihren Eltern) die nötigen Fördermaßnahmen als besondere Chance zu vermitteln. Kinder, die daran teilnehmen, haben keine Nachteile, sondern sollen die gleichen Startmöglichkeiten bekommen wie andere Kinder!

→ Gemeinsame Unternehmungen von Grundschule und Kindergarten

Ausflüge, Unterrichtsgänge, Theaterbesuche oder -aufführungen sind Aktivitäten, die oft von Schulen durchgeführt werden. Wenn genügend Plätze im Bus oder im Theater vorhanden sind, könnten die künftigen Schulanfänger einfach mitkommen! Natürlich müssen die Erzieher dabei sein, um die zusätzlichen Kinder zu beaufsichtigen.

Wenn eine Klasse ein Theaterstück vorbereitet, dann ist es hilfreich, wenn schon zu der Generalprobe Publikum eingeladen wird. Das bedeutet für die Schulen wenig Aufwand und die Kindergärten sind dankbar.

→ Besuche von Lehrern und Schülern im Kindergarten

Früh im Jahr, vielleicht schon im März, sollte es dann so weit sein, dass die zukünftigen Lehrer der ersten Klassen die zukünftigen Schulkinder im Kindergarten besuchen. Im Idealfall steht eine Klassenverteilung schon fest und Sie können

Kontakt mit „Ihren" Kindern aufnehmen. In der Regel ist das im März jedoch noch nicht der Fall. Die zukünftigen Klassenlehrer sind noch nicht benannt. Außerdem müssten sie meist mehrere Kindergärten besuchen – ein ganz schöner Zeitaufwand! Eventuell können die Besuche zwischen den (voraussichtlichen) Lehrern aufgeteilt werden. Sind mehrere Besuche geplant, ist abzuwägen, ob man sich abwechselt.

Letztlich ist es recht unerheblich, ob die zukünftigen Klassenlehrer vor dem Besuch schon feststehen. Falls das nicht der Fall sein sollte, sollte man den Kindern gegenüber ehrlich sein und ihnen mitteilen, dass die Verteilung der Klassen noch nicht feststünde, sie es aber so schnell wie möglich erfahren würden. Falls doch, haben die Besuche einerseits zum Ziel, dass die Kinder ihre Lehrer schon möglichst früh kennenlernen, um Ängste abzubauen. Andererseits ergibt sich für die Lehrer der zukünftigen Erstklässler die Möglichkeit, die Kinder zu treffen und sich mit ihnen auseinanderzusetzen. Stärken und Schwächen können dokumentiert werden. Für Lehrer, die zurzeit eine vierte Klasse leiten, ist es eine gute Vorübung zu erfahren, was kleine Erstklässler können bzw. noch nicht können – die Umstellung fällt nicht immer ganz leicht.

Die Besuche müssen in jedem Fall mit dem Kindergarten abgestimmt werden. In manchen Einrichtungen gibt es spezielle Schulanfängerprojekte an den Nachmittagen. Vielleicht können Sie darum bitten, einen solchen Nachmittag gemeinsam zu gestalten. Oder Sie nehmen einfach nur die beobachtende Position ein. Natürlich kann ein solcher Besuch auch vormittags erfolgen. Die Schulanfänger könnten dann aus dem normalen Kindergartenbetrieb herausgenommen werden. Ein eigener Raum wird sich sicher finden lassen (z. B. die Turnhalle oder ein Gruppenraum – alle jüngeren Kinder werden dann auf andere Gruppen verteilt).

Diese Besuche können Sie auch gemeinsam mit Schulkindern durchführen. Ältere Kinder (3. oder 4. Klasse) sind als „Experten" beim Besuch dabei. Ihnen dürfen Fragen gestellt werden und sie erzählen, was in der Schule anders ist. Dies muss natürlich im Einverständnis mit den Eltern der Großen erfolgen. Ein Anschreiben an die Eltern finden Sie auf der CD *(Datei 01)*.

Sie können mit den Kindergartenkindern vor Ort simple Themenbereiche besprechen. Ein Thema könnte der Schulranzen sein, die Sicherheit im Straßenverkehr, aber auch Erwartungen und Ängste in Hinblick auf die Einschulung. Bringen Sie vielleicht ein Stofftier oder eine Handpuppe mit, die im künftigen Unterricht eine Rolle spielen sollen (zum Beispiel als Begleitfigur in der Fibel oder im Mathematikbuch).

Leider gibt es immer noch Kinder, die nicht in den Kindergarten gehen. Es ist recht schwer, zu diesen Kindern Kontakt herzustellen. Hausbesuche sind nicht jedermanns Sache und vor allem sehr zeitaufwändig. Vielleicht können Sie sich stattdessen mit diesen Kindern bei ihren Besuchen in der Schule etwas intensiver beschäftigen. Reicht das nicht, dann laden Sie sie ruhig zu einem weiteren Termin in die Schule ein.

→ **Besuche der zukünftigen Schüler in der Schule**

Besonders spannend sind für zukünftige Erstklässler die Besuche in der Schule. Nutzen Sie alle Möglichkeiten, Kindergärten einzuladen.

Wenn die Kinder „normalen" Unterricht erleben sollen, empfiehlt es sich, mit den Kindergärten eng zusammenzuarbeiten. Zu dem Anlass sind plötzlich viele zusätzliche Kinder im Klassenraum, die den Lehrern weitestgehend unbekannt sind. Die Erzieher wissen genau, wer stören oder wer Angst bekommen könnte und auf wen besonders aufgepasst werden muss. Eine Zusammenarbeit ist daher nur hilfreich.

Zum Kennenlernen bieten sich Kunst-, Musik-, Vorlese- oder Sachunterrichtsstunden besonders an bzw. eine Kombination aus allem. Mathestunden können in Verbindung mit Rechenspielen geplant werden. Sportstunden mit vielen neuen, unbekannten Kindern sind zu aufregend für alle – besonders für die Lehrkraft. Völlig ungeeignet ist eine Religionsstunde (abgesehen von Bekenntnisschulen), da Kinder unterschiedlicher Konfessionen und Glaubensrichtungen zusammenkommen und zusätzliche Zustimmungen der Eltern eingeholt werden müssten. Das spaltet eher, als dass es eint.

Die Besuche müssen nicht unbedingt bei dem Lehrer stattfinden, der die zukünftige Klasse übernehmen wird. Es können auch andere Klassen besucht werden, um einen Kontakt zur Schule herzustellen. Die Kinder der ersten Klassen kennen vielleicht noch einzelne Kinder aus dem Kindergarten und so können Bekanntschaften vertieft werden. Oft sind Kindergartenkinder sogar besonders stolz, wenn sie schon jemanden kennen, der bereits zur Schule geht. Auch ein Besuch in den künftigen Patenklassen (siehe „Paten") kann sinnvoll sein. Paten haben die Aufgabe, den Kleinen den Einstieg in die Schule zu erleichtern.

Anzustreben ist, in diesen Besuchsstunden Dinge zu erarbeiten, die die Kinder schon aus dem Kindergarten kennen (z. B. basteln oder malen), um an Bekanntes anzuknüpfen und das Gefühl zu vermitteln, dass ihnen in der Schule nichts komplett Neues abverlangt wird. Gleichzeitig sollte etwas hinzugelernt werden, z. B. den eigenen Namen „richtig", also mit großen und kleinen Buchstaben, zu Papier zu bringen. Die Kinder könnten auch einen Buchstaben kennenlernen oder sie spielen gemeinsam ein Mathematik-Spiel.

Eventuell können Sie ihnen sogar eine kleine Hausaufgabe erteilen, z. B. einen Buchstaben auszumalen oder ein Selbstporträt anzufertigen, das dann später in der Schule aufgehängt wird. Werden solche oder ähnliche Aufgaben gestellt, ist es wichtig, sie bei einer nächsten Gelegenheit auch zu würdigen. Vielleicht gibt es einen zentralen Platz in der Schule, an dem die Ergebnisse der zukünftigen Schüler ausgestellt werden können.

Kindergartenkinder in die Schule einzuladen, ist einfach. Bei guten Kontakten gibt es sicherlich schon einen eingespielten Rhythmus, wann welcher Kindergarten kommt. Schwieriger ist es mit künftigen Erstklässlern, die keinen Kindergarten besuchen. Schicken Sie diesen einen persönlichen Brief, in dem Sie sie auffordern, an den Besuchen teilzunehmen. Wenn die Kindergartenbesuche sich auf mehrere Tage verteilen, dann können auch diese Kinder den verschiedenen Gruppen zugeteilt werden.

Einzelne Kinder gehen vielleicht in einen weiter entfernt liegenden Kindergarten. Auch diese sollten gesonderte Einladungen bekommen und in den Unterricht integriert werden. Sie sind, weil sie niemanden kennen, oft unsicher, neigen dazu zu stören oder trauen sich nicht, etwas zu sagen. Man kann sie direkt ansprechen und dabei in Erfahrung bringen, ob sie vielleicht ein Kind aus der Klasse oder eines der anderen Kindergartenkinder kennen, und dann dafür sorgen, dass sie sich nebeneinander setzen. Ist das nicht der Fall, können Sie dieses Kind mit Worten wie „Ich kenne auch ganz viele hier nicht!" ein wenig beruhigen und danach auffordern, sich einen Platz zu suchen.

Organisatorisch ist es von Vorteil, bei diesen Besuchen den 45-Minuten-Takt einzuhalten. An vielen Grundschulen gibt es trotz des Klassenlehrerprinzips Fachlehrerunterricht. Um den Stundenplan nicht komplett umgestalten zu müssen, sollte der Besuch in die geregelte Unterrichtszeit des betreffenden Lehrers in der jeweiligen Klasse integriert werden.

Die beiden Stunden in der Mitte des Schultages eignen sich für Besuche am besten. Die Kinder müssen schließlich am Besuchstag zunächst im Kindergarten ankommen und von dort aus (meist zu Fuß) zur Schule gelangen. Das kann einige Zeit in Anspruch nehmen. Ist man erst nach der fünften Stunde mit dem Unterricht fertig, dann führt das wieder zu Problemen beim Beenden des Kindergartenvormittags. Bei Ganztagseinrichtungen bringt es den Ablauf komplett durcheinander.

Empfehlenswert ist, wenn die Kleinen ein paar Minuten nach Ende der großen Pause ankommen. Das größte Gewusel hat sich dann bereits gelegt und sie sind nicht vom Lärm und Gedränge auf Hof und Flur überfordert. Beendet werden kann der Vormittag wiederum kurz vor der nächsten großen Pause.

→ **Vorschläge für die Besuchsstunden**

„Schule hat etwas mit Lernen zu tun. In der Schule gibt es Noten und Hausaufgaben. Lehrer sind oft streng und schimpfen. Eigentlich ist das alles ziemlich blöd." Diese Antwort erhält man oft, wenn man Schulanfänger befragt, was sie von der Schule wissen. Selbstverständlich darf man sich dabei nicht als Lehrer zu erkennen geben, dann kommt diese Antwort nämlich nicht. Solche Aussagen beruhen auf Erfahrungen von älteren Geschwistern, Nachbarskindern oder den Eltern und müssen gleich von Anfang an widerlegt werden.

Eigentlich wollen die meisten Kinder in dem Alter noch sehr gerne lernen, denn Lernen ist für sie etwas wirklich Neues. Lesen und Schreiben wie die Erwachsenen können sie noch nicht – und diese Fähigkeiten sind für viele Kinder der Maßstab, an dem sie die Grenze zwischen Klein und Groß festmachen. Sie sind neugierig und wollen wissen, wie Dinge funktionieren. Wenn es Ihnen gelingt, diese Neugier zu nutzen, dann haben Sie ganz viel für Ihren Unterricht und die Kinder, die Sie unterrichten, gewonnen. Legen Sie deshalb viel Wert auf diese ersten Stunden mit den Kindergartenkindern – sie sollten präzise geplant werden.

Erstklässler können (meistens) einen Stuhlkreis bilden, anderen zuhören, etwas erzählen und mit Schere, Klebstoff und Stiften umgehen. Sie malen mit Wachsmalstiften, sie können Anweisungen befolgen, sind neugierig und in vielen Fällen sehr offen für alle Lernangebote.

Gruppenarbeiten oder Partnerarbeiten mit älteren („richtigen") Schülern bieten sich an, etwa kleine Bastelarbeiten oder Spiele. Diese älteren Schüler dürfen dabei allerdings in Bezug auf das Lehrerverhalten keine große Überraschung erleben. Sprüche wie „Das dürfen wir aber sonst nicht!" kann man ein- oder zweimal mit einem freundlichen „Wir haben ja auch heute besonderen Besuch!" kaschieren. Verhalten Sie sich aber so normal wie möglich. Die Lehrinhalte dagegen dürfen vom normalen Stoff abweichen und ausdrücklich als große Ausnahme benannt werden, denn sie richten sich an Kinder unterschiedlichen Alters. Schließlich ist ein Kindergartenkinderbesuch eine Ausnahmesituation und die Klassenstärke ist viel größer als gewohnt.

Lesen und Schreiben sind die Bereiche, auf die Lernanfänger am neugierigsten sind. Die meisten von ihnen können (abgesehen von ihrem Namen) keine Buchstaben zu Lauten oder gar Wörtern zusammensetzen. Oft ist ihnen unklar, wie man gesprochene Sprache in Schrift umsetzt. Rechnen hingegen ist zunächst immer recht einfach. Die meisten Kinder haben eine Vorstellung vom Zahlenraum bis zehn und können sich mit Hilfen (Finger) darin orientieren. Am effektivsten ist es, wenn ein umfassender Einblick in möglichst viele Lernbereiche geboten wird.

Der Zeitrahmen für eine solche Besuchsstunde sollte zwischen 45 und 90 Minuten liegen. Um Räumerei und großes Durcheinander gleich zu Beginn der Stunde zu verhindern, bietet es sich an, dass die einladende Klasse bereits vor dem Besuch einen Stuhlkreis bildet. Die Kindergartenkinder, denen Stuhlkreise vertraut sind, dürfen als Gäste Platz nehmen.

Sie werden von den Schülern mit einem Willkommenslied oder mit einem Lied, das zur Jahreszeit oder zu einem vorbereiteten Thema passt, begrüßt. Schön ist es, wenn danach auch die Kindergartenkinder ein Lied singen dürfen. So haben sie die Möglichkeit zu zeigen, dass auch sie schon etwas gelernt haben.

Danach kann sich ein Gespräch anschließen. Nach der Begrüßung gibt es möglicherweise viele Fragen zu klären. Es kann auch sein, dass einzelne Kinder etwas, das sie wichtig finden, erzählen wollen.

Die große Menschenmenge im Raum macht es schwer, einen gemeinsamen Unterricht ohne Stolpersteine und zu viel Unruhe zu gestalten. Daher bietet sich ein Arbeiten an separaten Lernstationen besonders gut an. Eine der Stationen könnte – zur Entlastung der Raumsituation – in einen freien Nebenraum oder auf den Flur verlegt werden. Die Schüler der Grundschulklasse haben die Stationen mit vorbereitet und agieren nun als Experten, die den Kleinen etwas zeigen und erklären können.

Es folgt eine Liste mit Vorschlägen für mögliche Unterrichtsinhalte. Einige eignen sich für Gruppenarbeit, andere für Aktivitäten an Lernstationen. Wird an Stationen gearbeitet, erhalten die Kinder eine Karte zum Umhängen, auf der die Stationen abgehakt werden, die sie bereits besucht haben.

Faltspiele

Feinmotorik ist wichtig. Darum können nie genug Übungen zur Schulung der Feinmotorik durchgeführt werden. Faltspiele trainieren feinmotorische Fertigkeiten. Die Kinder könnten beispielsweise Schiffe *(Dateien 02 und 03)* oder ein Portmonee *(Datei 04)* falten. In den drei Faltanleitungen im Anhang finden sich Aspekte des Kunst-, des Deutsch- und des Mathematikunterrichts wieder.

Auf die Schiffe werden die Namen der Gäste geschrieben, die Segel bzw. Schornsteine erhalten Nummern. Das ist eine Aufgabe, die schon mit Kindern der ersten Klasse als Helfer durchgeführt werden kann. Für die Portmonees könnten im Vorfeld Geldstücke hergestellt werden: durch einfaches Abpausen echter Münzen. Danach spielen alle gemeinsam Einkaufen. Dieser Vorschlag eignet sich für eine gastgebende erste oder zweite Klasse.

Die Faltanleitungen müssen exakt ausgeführt werden, da das Ergebnis sonst nicht zufriedenstellt. Es ist ratsam, vorgefaltete Exemplare in verschiedenen Faltstadien bereitliegen zu haben, denn oft geht bei den Kleinen dann doch etwas schief und so kann ganz schnell ausgetauscht werden. Am Schluss haben dann alle ein positives Ergebnis erzielt und keinen Misserfolg erlebt.

Würfelspiele

Es bietet sich ebenfalls an, Würfelspiele mit den Kindern zu spielen. Fast alle Kinder können schon einen Würfel lesen, bevor sie in die Schule kommen. Einige können alle sechs Zahlen erfassen, ohne die Punkte zu zählen. Andere müssen sie noch zählen, was aber kein Problem darstellen sollte.

Normale Würfelspiele sind oft recht langatmig und übersteigen den Zeitrahmen einer Unterrichtsstunde. Viele Mathematikbücher empfehlen spezielle kurzweilige Würfelspiele, die im Buch gespielt oder kopiert werden können.

Beliebt ist das Käferspiel *(Datei 05)*. Bei diesem Spiel stehen zunächst alle Käfer (Spielsteine der Kinder) auf dem Feld in der Mitte (Zahl 10). Gewürfelt wird mit zwei Würfeln. Der eine Würfel zeigt die Anzahl der Käferschritte an. Der andere Würfel entscheidet die Richtung. Bei einer geraden Zahl (2, 4, 6) geht es in Richtung 20; bei einer ungeraden (1, 3, 5) in Richtung 1. Der Käfer, der zuerst auf einem der beiden Zielfelder ankommt (20 oder 1), hat gewonnen.

Die Differenzierung ergibt sich bei diesem Spiel ganz automatisch. Kinder, die schon mit Zahlen bis 20 rechnen können, kann man auffordern, die Schritte nicht einfach nur zu gehen, sondern schon vorher auszurechnen, auf welchem Feld sie landen. Bei diesem Spiel wird ganz nebenbei und auf spielerische Art und Weise der Zehnerübergang mitgeübt. Das Käferspiel eignet sich auch als Spiel für kleine Pausen im Klassenraum oder für Freiarbeitsphasen.

Eine aktivere, bewegte Spielvariante finden Sie auf CD *(Dateien 06 und 07)*: Fertigen Sie 20 Kopien an, lassen Sie die Zahlen 1 bis 20 auf die Blätter schreiben und in verschiedenen Grüntönen anmalen (eine Arbeit für die schnellen Künstler unter den Kindern). Danach werden die Blätter mit Klebefolie weitläufig auf den Fußboden geklebt, etwa in der Anordnung des Käferspielplans *(Datei 05)*. Das Blumen-Zielfeld *(Datei 07)* wird zweimal kopiert, bunt angemalt und ebenfalls auf den Boden geklebt.

Nun spielen die Kinder selbst die Rolle der Käfer; sie würfeln mit großen Schaumstoffwürfeln. Die Kinder lieben es, dass sie sich bei dieser überdimensionalen Spiel-Version bewegen dürfen bzw. müssen: Das bringt Abwechslung, der Tag (oder in diesem Fall die Stunde) wird nicht zu langatmig.

Der Aufwand lohnt sich nur dann, wenn eine erste Klasse Gastgeber ist. In diesem Fall kann das Spiel auch in Zukunft häufig genutzt werden. Die Zahlen auf den Bodenblättern können neben dem Spiel auch als Zahlenkette verwendet werden. Rechenprobleme werden durch einfaches Abschreiten gelöst.

Ausmalen von Buchstaben
Buchstaben haben für Kindergartenkinder unmittelbar etwas mit Schule zu tun. Deshalb sollten Lehrer Buchstaben-Arbeit unbedingt in die Besuchsstunde integrieren. Da die meisten Kinder schon im Kindergarten lernen, ihren Namen zu schreiben – allerdings in Großbuchstaben –, kann man ihnen anbieten, ihn jetzt aus großen und kleinen Buchstaben zusammenzusetzen. Eine Vorlage auf Papier

zeigt alle Buchstaben in verständlicher Zuordnung *(Datei 08)*: Den Kindern wird anschaulich klar, welcher kleine zu welchem großen Buchstaben gehört. Alle Buchstaben werden nun ausgeschnitten, in der richtigen Reihenfolge auf ein neues Blatt geklebt und im Anschluss ausgemalt. Die „großen" Experten helfen natürlich, wenn es an der einen oder anderen Stelle Probleme gibt.

Memory®

Eine etwas schwierigere Variante eines Buchstaben-Lernspiels ist Buchstaben-Memory®. Hierzu werden alle Buchstaben *(Datei 08)* ausgeschnitten, auf Pappkarrees geklebt, vermischt und wie beim Memory®-Spiel umgedreht auf den Tisch gelegt. Wer ein zusammengehöriges Pärchen aus einem großen und einem kleinen Buchstaben findet, darf es behalten.

Dieses Spiel ist für die Kindergartenkinder zu empfehlen, die Buchstaben schon kennen. Wer nur die großen Buchstaben kennt oder nur die des eigenen Namens, ist damit überfordert. Für die einfache Spiel-Variante sind die Pärchen (Aa, Bb usw.) doppelt zu kopieren, auszuschneiden und umgekehrt auf dem Tisch auszulegen. Die Kinder, die diese Station betreuen, sollten aufgefordert werden, einen Buchstaben nicht beim Namen, sondern beim Laut zu nennen.

Vorleseecke

Falls es im Klassenraum keine Vorleseecke gibt, verteilt man vor der Besuchsstunde ein paar Kissen auf dem Fußboden. Hier dürfen ältere Schüler ihren Gästen kurze Geschichten vorlesen oder mit ihnen gemeinsam Bilderbücher anschauen. Wichtig ist, dass hierbei die Zeit nicht zu lang wird – denn für die kleinen Zuhörer ist es schwierig, sich lange zu konzentrieren, wenn die Vorleser noch nicht so geübt sind.

Malecke 1

An dieser Station dürfen die Gäste ein Selbstporträt anfertigen. Buntstifte, Filzstifte oder Wachsmalkreide eignen sich am besten. Die fertigen Bilder könnten im Anschluss an einer Wäscheleine, die durch den Klassenraum gespannt ist, aufgehängt werden.

Malecke 2

In dieser Malecke werden alle kleinen und großen Buchstaben zur Ansicht aufgehängt. Die Kindergartenkinder gestalten ihr eigenes Namensschild mit Groß- und Kleinbuchstaben. Diese Karten entdecken sie beim nächsten Schulbesuch wieder – beispielsweise im Probeunterricht oder an ihrem ersten Schultag.

Rätsel

Vorschulbücher bieten viele Rätsel an: Knoten müssen gelöst, Farben und Formen zugeordnet und Bilder vervollständigt werden.

Experten

Ältere Schüler erläutern als Experten ein Thema aus dem Sachunterricht (z. B. Zähne, Getreide, Indianer) auf eine Weise, die ihre kleinen Gäste verstehen. Die Großen können den Kleinen Bücher zeigen und Bastelarbeiten oder Experimente erklären. Das hat für beide Seiten Vorteile: Die Kindergartenkinder lernen etwas über ein Thema, das sie mit Sicherheit später einmal behandeln werden, und die Großen festigen ihr Wissen, indem sie es noch einmal in einfachen Worten wiedergeben.

Beenden Sie den Tag anschließend wieder in der großen Runde: beispielsweise mit einem gemeinsamen Lied oder einer Blitzlicht-Runde, in der jedes Kind ganz kurz sagen darf, wie es den Besuch fand.

→ **Jahrgangsgemischte Lerngruppen**

Wenn an Ihrer Schule jahrgangsübergreifend gearbeitet wird, dann könnten Sie die Schulkinder in die Planung der Besuchsstunde aktiv einbeziehen. Es wäre dann nicht allein Ihre Aufgabe, die neuen Kinder in der Schule zu begrüßen. Die älteren Schulkinder helfen Ihnen. Diese Situation bietet positive Effekte für alle Seiten – darunter viele Schreibanlässe und andere Möglichkeiten. Nutzen Sie das aus!

→ **Probeunterricht der zukünftigen Schüler**

Viele Grundschulen bieten im Mai oder Juni Probeunterricht für die kommenden Schulanfänger an. Ein bis zwei Lehrer beschäftigen sich für eine oder zwei Schulstunden mit den Kindern, die bald eingeschult werden.

Probeunterricht hat viele Vorteile. Die Kinder sind nun zum ersten Mal allein in der Schule. Weder Erzieher noch Eltern sind anwesend. Das ist zunächst eine neue Situation für sie, an die sie sich gewöhnen müssen. Bei einem Probeunterricht – vor der Einschulung – einen ersten Eindruck von der Schule gewinnen zu können, ist sehr hilfreich für sie. Die zukünftigen Lehrer verschaffen sich gleichfalls einen ersten Eindruck. Was können die Kinder, was können sie nicht? Und welche Verhaltensauffälligkeiten zeigen sie?

Es ist ratsam, für diesen Unterricht nur wenige Kinder zeitgleich einzuladen. Eine Gruppenstärke von acht bis zehn Kindern ist vorteilhaft, denn in der für sie ungewohnten Situation könnten eine Menge Probleme auftreten, die intensive individuelle Beschäftigung notwendig machen.

Notieren Sie in Stichpunkten, was Ihnen auffällt. Zum Beispiel können kleine logopädische Probleme auftreten. Teilen Sie dies den Eltern mit – noch ist ausreichend Zeit, etwas dagegen zu tun.

Der Unterricht sollte zwischen Ende April und Mitte Juni stattfinden, je nachdem wie die Sommerferien liegen. Die Schule schickt die Einladung direkt an das Kind adressiert. Auch wenn es selbst noch nicht lesen kann, findet sich mit Sicherheit jemand, der ihm den Einladungsbrief vorlesen wird. Übrigens muss er nicht zwingend von dem zukünftigen Klassenlehrer unterschrieben sein.

Im Unterricht können Sie Bastelarbeiten anbieten, Bücher vorlesen und besprechen oder Bilder zu Geschichten malen lassen. Ratsam ist, alle Probestunden desselben Jahres relativ ähnlich zu gestalten. Zum einen lassen sich die Ergebnisse der Kinder so untereinander gut abgleichen. Zum anderen ist es dann einfacher, in der ersten Schulwoche an diese Stunde anzuknüpfen.

Wenn Sie in der Probestunde ein Buch vorlesen, könnte in der ersten Woche plötzlich eine Figur aus diesem Buch in der Klasse auftauchen (als Bild oder als Kuscheltier). Oder: Alle Gestaltungsergebnisse aus dem Probeunterricht werden vor dem Schulstart in der Klasse aufgehängt und die Kinder entdecken ihre Arbeit wieder. Vielleicht gibt es von dem Buch, das besprochen wurde, eine Fortsetzung? Solche Anknüpfungen nehmen den Kindern das Gefühl der Fremde.

Wandeln Sie den Probeunterricht von Jahr zu Jahr ein wenig ab. Es ist deprimierend für ein Kind, wenn es aufgeregt von dieser Stunde erzählen möchte und die älteren Geschwister gelangweilt sagen: „Das habe ich damals auch gemacht!" Hört das Kind dasselbe am Nachmittag auch auf dem Spielplatz, dann ist das Erlebte gar kein einzigartiges Erlebnis mehr.

Eltern, die noch keine schulpflichtigen Kinder haben, nutzen gern das letzte Jahr vor dem Schulstart, um im Frühsommer noch einmal günstig in den Urlaub fahren zu können. So wird es immer passieren, dass einzelne Kinder nicht am Probeunterricht teilnehmen können. Da es aber für beide Seiten wichtig ist, sich kennenzulernen (auch in Hinblick auf die spätere Aufteilung der Kinder in einzelne Klassen), ist es ratsam, von Anfang an einen Ausweichtermin einzuplanen und alle Kinder, die nicht da waren, ein zweites Mal einzuladen. Dieser Termin muss in der ersten Einladung noch nicht offiziell bekannt gegeben werden.

→ **Einladungen der zukünftigen Schüler zu besonderen Anlässen**

Im Laufe des Schuljahres gibt es viele besondere Anlässe, darunter Schulfeste, Präsentationen von Projektwochen, Theateraufführungen, Flohmärkte, Laternenumzüge, Gottesdienste etc. Die zukünftigen Erstklässler freuen sich über eine persönliche Einladung zu diesen Festen. Sie können sich zu solchen Anlässen gemeinsam mit ihren Eltern mit „ihrer" Schule vertraut machen.

Sicher kommen dann nicht alle eingeladenen Kinder, sondern erwartungsgemäß eher die, die schon ältere Geschwister an der Schule haben. Trotzdem ist es für die Kinder erfreulich, schon Post von ihrer zukünftigen Schule zu erhalten. Sie sehen daran, dass die Schule schon an sie denkt und darauf wartet, dass sie kommen.

Das Verschicken solcher Einladungen per Post ist recht teuer. Eventuell kann der schulinterne Förderverein den Versand unterstützen. Abzuwägen ist auch eine Verteilung über größere Geschwister und/oder über die sicher gern kooperierenden Kindergärten.

Natürlich besteht Schule nicht nur aus Festen, doch ein Besuch an einem besonderen Tag vermittelt zukünftigen Schulanfängern ein positives Bild. Man gibt ihnen das Gefühl, schon zu der Schule zu gehören und ein Teil der Gemeinschaft zu sein. Sie treffen auf Festen ihnen bekannte Kinder aus dem Kindergarten und der Nachbarschaft wieder und können erste Kontakte zu Lehrern ihrer Schule knüpfen. Dasselbe gilt für die Eltern der zukünftigen Schulkinder.

→ **Jüngere Geschwister von Schulkindern: die zukünftigen Grundschüler**

Jüngere Geschwister sind die Schüler der Zukunft. Sie lernen von ihren älteren Geschwistern und übernehmen häufig auch deren Meinungen. Aus diesem Grund ist es sehr wichtig, dass sie früh ein positives Schulbild vermittelt bekommen. Das bedeutet, dass diese zukünftigen Schüler selbstverständlich an besonderen Anlässen und Schulfesten teilnehmen dürfen. Ist der Klassenraum zu klein, muss für solche Feste ein gesonderter Raum gefunden werden (Musikraum, Aula, Gemeindehaus etc.).

Sind die Kleinen bei Elterngesprächen anwesend, sollten sie etwas tun können, das sie mit der Schule verbinden. Zum Beispiel bietet es sich an, die Kinder an der Tafel malen zu lassen. Dabei können sie nichts zerstören und zugleich schon lernen, sich an bestimmte Regeln zu halten („Du darfst gern malen, aber bitte nur in diesem Bereich!"). Sie können den kleinen Geschwistern auch Bücher zum Anschauen oder Materialien der Freiarbeit zur Verfügung stellen. Wichtig ist, dass sie jetzt schon erfahren, dass Schule Spaß macht und man spannende Dinge unternimmt – dass aber auch Regeln eingehalten werden müssen. So dürfen sie nur mit den erlaubten Materialien arbeiten, müssen hinterher aufräumen und sollten einen gewissen Geräuschpegel nicht überschreiten. Je eher Kinder dies lernen, desto einfacher wird es später für den Lehrer im Unterricht.

→ **Briefe von den Klassenlehrern an die zukünftigen Schüler**

Vor Schulbeginn sollten die zukünftigen Erstklässler auf jeden Fall noch einmal einen Brief von der Schule bekommen. Darin stehen nun alle wichtigen Daten der Einschulung. Legen Sie als Liste bei, welche Bücher, Hefte und sonstigen Materialien besorgt werden sollen. Für die Kinder selbst ist diese Aufstellung nicht interessant, weil es Daten, Zahlen und Worte sind, die sie noch nicht begreifen. Speziell an sie gerichtet sollte ein Extra-Brief beiliegen – diesmal wenn möglich vom Klassenlehrer.

Schreiben Sie den Brief an die Kinder handschriftlich in Druckbuchstaben *(Datei 09)*. Die Kinder empfinden ihn dann als persönliches Anschreiben. Viele von ihnen können die Worte sicher noch nicht lesen, aber einige Buchstaben erkennen.

Ermuntern Sie die Kinder in Ihrem Schreiben zu einer kleinen Arbeit. Sie haben hierfür mehrere Möglichkeiten: Die Kinder sollen vielleicht einen Antwortbrief gestalten. Oder stellen Sie ihnen eine erste Hausaufgabe: Sie könnten Tag für Tag die Kontur einer Raupe ausmalen, die so viele Segmente hat, wie es (ungefähr) noch Tage bis zum Schulanfang sind. Alternative Malvorlagen zeigen eine Leiter, deren Stufen der Anzahl der Tage entspricht, oder kleine Kalenderblätter: In jedes Feld soll täglich etwas hineingemalt oder sogar geschrieben werden. Auf der CD finden Sie eine Kopiervorlage, die als Vorschultagebuchseite genutzt werden kann *(Datei 10)*. Ganz wichtig ist die Würdigung dieser ersten Hausaufgabe. Sie sollte an den ersten Schultagen eingesammelt und in oder vor der Klasse ausgestellt werden.

→ **Wenn die Klassenlehrer noch nicht feststehen**

Bei all diesen Aktionen vor dem Schulstart ist von Vorteil, wenn die Kinder bereits die Lehrer kennenlernen, die sie später auch unterrichten. Das ist aber nicht immer möglich. Wenn viele Einzelaktionen geplant sind, müssen sowieso mehrere Kollegen zur Betreuung eingeteilt werden. Außerdem steht im Vorfeld oft noch gar nicht fest, wer welche Klasse bekommen wird.

Das macht aber nichts. Die Schule besteht nicht nur aus einem Lehrer oder einer Lehrerin. Für die Kinder ist es hilfreich, wenn sie gleich mehrere Lehrkräfte kennenlernen. Dann fällt es ihnen später auf dem Schulhof leichter, andere Lehrer um Hilfe zu bitten. Es gibt nur wenige Schulen, in denen der Unterricht ausschließlich von einer Lehrkraft bestritten wird. Fächer wie Sport, Musik, Religion oder Mathematik unterrichten oft Fachkollegen.

Meist sind die Eltern interessierter an dem künftigen Klassenlehrer als die Kinder. Eltern sind in dem Fall die Meinungsmacher; sie erwägen im Vorfeld, welcher Lehrer gut oder schlecht sein könnte. Das Kollegium sollte immer eine gemeinsame Linie fahren. Das bedeutet: Jede Lehrkraft gestaltet ihren Unterricht individuell, doch man trifft sich regelmäßig zu Abstimmungen und Entscheidungen in maßgeblichen Fragen. Ratsam ist ein offenes und freundliches Auftreten gegenüber den Eltern, aber auch eine klare Festlegung der Grenzen und Kompetenzen.

Wichtiger als das Thema Klassenlehrer ist für die Kinder, die Schule kennenzulernen und zu wissen, dass man hier freundlich empfangen wird, sich an gewisse Regeln halten muss, viel lernen kann – und dass sie bereits ein Teil dieser Schule sind.

→ **Elternabend vor der Einschulung**

Der Elternabend vor der Einschulung ist für die Eltern von immenser Wichtigkeit. Schließlich rätseln sie schon seit Wochen, wer denn wohl die neuen ersten Klassen unterrichten wird. Auch die Klassenverteilung spielt eine wichtige Rolle.

Diesen Elternabend gestaltet in der Regel die Schulleitung. Im Vordergrund steht: keine Unruhe in die Elternschaft bringen, grundsätzliche Dinge klären und erste Regeln für die Eltern festlegen. Vielleicht könnte die Schulleitung zu diesem Termin einen Polizisten einladen, der auf Gefahren des Schulweges hinweist.

→ **Erklärungen zu den Lernvoraussetzungen auf Elternabenden**

Manche Bundesländer ordnen schon sehr früh (ca. ein Jahr, mitunter auch eineinhalb Jahre vor der Einschulung) einen ersten Elternabend an. Die Eltern der zukünftigen Lernanfänger werden – nach inhaltlichen Vorgaben der Länder – somit frühzeitig darüber informiert, was die Kinder bei der Einschulung können sollten (motorisch, kognitiv, sozial und emotional). Häufig sind auch Mitarbeiter der Kindergärten an diesem Elternabend anwesend.

Über 50 Prozent der Eltern sind nicht „schulerfahren". Das bedeutet, dass ihnen viele schulinterne Fachbegriffe fremd sind. Erläutern Sie Inhalte deswegen anhand von konkreten Beispielen. Ein pauschaler Satz wie „Ein Kind sollte die motorischen Voraussetzungen erfüllen können, um den Sportunterricht ohne Unterstützung des Lehrers beginnen zu können" stellt selbst diejenigen, die mit diesen Begriffen häufig umgehen, vor die Frage, was wirklich gefordert ist. Konkret und besser ist: „Wenn Ihr Kind zu uns kommt, dann sollte es seine Sportkleidung ohne Hilfe anziehen und auch wieder ausziehen können." Der erste Satz löst Entsetzen bei den Eltern aus. Der zweite eher ein Aufatmen, denn das An- und Ausziehen beherrschen viele Kinder schon.

Begriffe wie „motorisch", „emotional" oder „kognitiv" sollten in jedem Fall erklärt und an Beispielen veranschaulicht werden, damit die Eltern auch wirklich wissen, was gemeint ist. Sagen Sie beispielsweise: „Erwünschte feinmotorische Fähigkeiten sind: einen Stift zu halten und mit diesem Stift malen zu können sowie die Handhabung einer Schere."

Wenn Sie den Eltern sagen, dass die Frustrationstoleranzgrenze der Kinder möglichst hoch sein sollte, dann haben Sie bei über zwei Dritteln der Eltern genau diese Grenze überschritten – ohne ihnen verdeutlicht zu haben, was gemeint ist.

Erläutern Sie stattdessen, dass Kinder in der Lage sein müssen, mit Misserfolgen umzugehen: Es wird immer Kinder geben, die in einzelnen Fächern und Fertigkeiten schlechter oder besser sind als andere. Es kann nicht immer nur ein Kind an die Reihe kommen. Der Lehrer muss die gesamte Klasse im Blick haben. Auch der Streit mit der besten Freundin darf nicht in eine mehrstündige Arbeitsverweigerung ausarten. So füllt sich der Begriff „Frustrationstoleranzgrenze" mit Inhalt.

Geben Sie am besten auch gleich Beispiele, was Eltern tun können, wenn sie merken, dass bestimmte Sachen noch nicht so funktionieren, die zum Schulstart gewünscht sind. Feinmotorik erlernen Kinder am besten durch Übung im Falten, Papierreißen, Schneiden entlang einer Linie oder Ausmalen. Spiele, bei denen nur einer gewinnen kann, schulen den Umgang mit Misserfolgen.

Hinterfragen Sie wirklich jeden Satz, den Sie formulieren möchten: Kann er von Laien verstanden werden? Sie möchten mit diesem Abend erreichen, dass die Eltern ihre Kinder auf bestimmte Ziele vorbereiten. Das gelingt Ihnen nur, wenn die Eltern auch wirklich verstehen, was sie tun sollen.

Am Ende der Veranstaltung können Sie den anwesenden Erziehern den Informationsbogen *(Datei 11)* mitgeben. Erwähnen Sie dies auch den Eltern gegenüber. Damit erzielen Sie mehrere positive Effekte:

1. Die Eltern fühlen sich mit den Aufgaben nicht allein.
2. Die enorme Wichtigkeit des Kindergartens wird unterstrichen.
3. Die Erzieher fühlen sich eingebunden.
4. Alle Beteiligten erhalten einen Leitfaden, was bis zum Schulanfang noch erreicht werden muss.
5. Eltern suchen das Gespräch und den Austausch mit den Erziehern.

→ **Eltern-Kind-Gespräche mit der Schulleitung**

In einigen Bundesländern ist ein Gespräch zwischen Kind, Eltern und der Schulleitung im Spätherbst des Jahres vor der Einschulung vorgesehen. Dabei wird hauptsächlich auf die Sprachfähigkeit des Kindes geachtet. Gibt es Ausspracheprobleme, die eventuell durch Logopädie behoben werden sollten? Beherrscht das Kind die deutsche Sprache hinreichend? Falls nicht, wird das Kind in einem speziellen Deutschkurs vorbereitet.

Die Schulleitung sollte sich um eine positive Ausstrahlung bemühen: Das Kind darf das Gespräch nicht als Prüfung und die angeratenen Maßnahmen nicht als Strafe empfinden. Auch den Eltern muss dies erklärt werden. Es geht nicht um eine Vorbegutachtung oder Klassifizierung. Die angebotenen Maßnahmen sollen schlicht helfen, dem Kind den Schulstart zu erleichtern.

→ Schuluntersuchung vor der Einschulung

Die Schuluntersuchung im Vorfeld findet in der Regel in den Schulen statt und wird von den Gesundheitsämtern initiiert. Die Schule selbst stellt nur den Raum zur Verfügung, könnte aber ohne großen Zeitaufwand den Termin nutzen, die Lernanfänger in der Schule willkommen zu heißen. Kleine Gesten können hier viel erreichen!

Bunte Schilder (die von Schülern im Kunstunterricht gestaltet wurden und über Jahre hinweg immer wieder verwendet werden können) weisen den Weg zum Untersuchungszimmer. Die Lernanfänger können anhand der Schilder selbst den Weg erkunden. Handgestaltetes wirkt zudem persönlicher als am Computer erstellte Hinweisschilder.

Jedes Kind bekommt bei der Untersuchung ein kleines Geschenk, das Schüler im Religions- oder Kunstunterricht gebastelt haben (Sonne zum Umhängen, Blume zum Hinstellen etc.). Die Kleinen können ihr Präsent aus der Schule mit nach Hause nehmen. Für manche hat das vielleicht keinen Wert, aber die meisten Schulanfänger werden sehr stolz sein.

Es funktioniert auch andersherum: Die Lernanfänger könnten in der Wartezeit vor der Untersuchung etwas gestalten, was in der Schule verbleibt. Hängen Sie zum Beispiel einen von älteren Schülern gemalten Baum ohne Laub auf. Jedes Kind, das nun zur Schuluntersuchung kommt, darf ein Blatt gestalten und an dem Baum befestigen. Zu dem Zweck können ausgeschnittene oder vorgezeichnete Blätter oder schlichtes weißes Papier bereitliegen. Außerdem werden Schere, Klebstoff und Stifte benötigt.

Alternativ legen Sie eine Tapetenrolle bereit, auf die jedes Kind etwas schreiben oder malen kann, z. B. eine Umrisszeichnung der eigenen Hand, die dann nach Lust, Laune und vorhandener Zeit ausgestaltet werden kann. Danach befestigen Sie die Tapetenbahn an einer Wand.

Gestaltungsarbeiten am Tag der Schuluntersuchung sollten allerdings nicht zu aufwändig angelegt werden. Oft verlangt das Gesundheitsamt, dass die Kinder in der Wartezeit ein Bild malen, um ihre Fertigkeiten zu testen. Wenn dann noch eine umfangreiche Aufgabe vonseiten der Schule hinzukommt, verlieren die Kinder schnell die Lust. Informieren Sie sich einfach im Vorfeld, dann kann nichts schief gehen.

Für die Eltern können Informationen über die Schule und den Förderverein ausliegen. Vielleicht zeigen Sie auch ein paar Schülerarbeiten, eine Schülerzeitung, Ergebnisse eines Wettbewerbs oder eine Stellwand mit Projektfotos und Zeitungsausschnitten. Wenn vorhanden, dann können auch alte Klassenfotos gezeigt werden, denn oft finden sich unter den Eltern ehemalige Schüler. Die sind hocherfreut, wenn sie sich und ihre ehemalige Klasse auf den Fotos entdecken.

→ **Anschaffungen für die Schulzeit**

An vielen Schulen werden schon lange vor dem ersten Schultag Listen verteilt, auf denen steht, was die zukünftigen Schüler benötigen. Das ist zwar löblich, doch beachten Sie bitte: Auf dieser Liste sollten Sie nur die Materialien aufführen, die auch wirklich notwendig sind! Eltern ärgern sich, wenn die angeschafften Hefte dann doch nicht benutzt werden. Bei Unsicherheiten, z. B. durch Lehrerwechsel, ist nur zu benennen, was mit Sicherheit gebraucht wird. Alle Anschaffungen sollten zudem im einschlägigen Schul-/Bürobedarf zu erwerben sein. Was nur wenige Spezialgeschäfte führen, verlangt übergroßen Zeitaufwand von den Eltern.

Es bietet sich daher an, auf der Liste anzumerken, dass es sich hierbei um die Basis-Liste handelt. Spezielle Anschaffungen, zum Beispiel ergonomische Bleistifte, könnten später im Klassenverbund als Sammelbestellung gekauft und umgelegt werden. Im Endeffekt kommt das günstiger für alle. Gleichzeitig ist sichergestellt, dass alle Kinder zum richtigen Zeitpunkt die entsprechenden Materialien haben.

Ein Problem gibt es noch, wenn diese Listen zu früh (z. B. schon im Mai) ausgeteilt werden. Einige Eltern gehen gleich am nächsten Tag einkaufen. Manche Dinge sind dann bis zum Schulstart längst kaputt oder verloren gegangen. Andere Eltern legen die Liste beiseite und vergessen die Einkäufe.

Natürlich können Sie die Liste mehrfach austeilen, doch entstehen Ihnen dabei wieder enorme Kosten. Der beste Zeitpunkt, die Listen zu versenden, ist kurz vor den Sommerferien. Vielleicht hat Ihre Schule eine Website, auf die Sie verweisen könnten? Dann stellen Sie die Anschaffungsliste online und für alle jederzeit einsichtig als Download bereit.

→ **Schultüten**

Für Schultüten ist die Schule eigentlich nicht zuständig. Sie werden oft noch in den Kindergärten gebastelt oder von den Eltern gekauft. Allerdings könnten die Lehrer im Vorfeld kurz in den Kindergärten vorbeischauen und die Wunderwerke bestaunen. Dabei ergeben sich auch wieder Gesprächsmöglichkeiten mit den Kindern und den Eltern.

Außerdem können auch ein paar Hinweise zum Befüllen der Tüte gegeben werden. Die Tüten sind heutzutage sehr groß und es passt eine Menge hinein. Ein Befüllen ausschließlich mit Süßigkeiten – das wird heute kaum noch gemacht. Aber was soll sonst noch hinein? Falls ein bestimmtes Tier das Klassenmaskottchen werden soll (Igelklasse, Hasenklasse, Katzenklasse etc.), teilen Sie dies den Eltern oder Erziehern mit. Dann könnten rund um dieses Tier kleine Bücher, Stofftiere, Radiergummis etc. in der Schultüte auftauchen. Die Freude ist gewiss groß bei den Kindern, wenn sie merken, dass sie zufällig genau in der Klasse mit dem Tier gelandet sind, das in ihrer Schultüte steckt.

Verschenkt werden können außerdem Butterbrotdosen oder Trinkflaschen. Vielleicht wurde in einer der Probestunden ein Buch gelesen, dass sich nun in der Schultüte wiederfindet. Gibt es in der Klasse die Möglichkeit, dass jedes Kind sich etwas zu trinken (Wasser) holen kann, wenn es möchte? Dann freut es sich sicher über einen bunten Kunststoffbecher. Eventuell kann man diesen auf einem Vorab-Elternabend mit den Eltern gemeinsam gestalten (z. B. mit Fensterfarben).

Leiten Sie Ihre Ideen einfach an die Kindergärten weiter. Bitten Sie die Erzieher, diese Vorschläge an die Eltern heranzutragen. Oberstes Ziel ist, den Kindern sinnvolle Dinge in der Schultüte zukommen zu lassen. Außerdem haben Sie dann wieder einmal den Kontakt zum Kindergarten gesucht und für ein positives Verhältnis gesorgt. Das werden Sie spüren – denn wenn die Erzieher einen guten Eindruck von Ihnen gewinnen, dann geben sie das auch an die Eltern und Kinder weiter.

Außerdem zeigt Ihr Einsatz den Eltern, dass Sie sich um Ihre zukünftige Klasse kümmern. So bekommen diese bereits vor Schulbeginn das Gefühl vermittelt, in Ihnen eine Hilfe gefunden zu haben, um diesen manchmal schwierigen Lebensabschnitt zu meistern. Sie werden zudem eher bereit sein, Ihre Regeln zu akzeptieren (wie z. B. die Kinder zum Schulhof zu bringen und dort wieder in Empfang zu nehmen und nicht – wie von vielen Eltern gewünscht – vor der Klassenzimmertür).

Planungsliste

Immer zu bedenken!

- alle Gelegenheiten zu Gesprächen mit dem Kindergarten nutzen
- jüngere Geschwister der Schüler zu allen Schulfesten einladen
- Kindergartenkinder sowie künftige Schulanfänger, die nicht in den Kindergarten gehen, zu Schulfesten einladen
- gemeinsame Unternehmungen von Kindergarten und Grundschule anstreben (z. B. Schultheateraufführungen für den Kindergarten, Generalproben)

Aufgaben der Schule allgemein

- Elternabend, der über Lernvoraussetzungen aufklärt:
  - Vortrag auf Verständlichkeit überprüfen
  - Liste für die Kindergärten erstellen, die alle erforderlichen Grundfähigkeiten/Lernvoraussetzungen verzeichnet
  - Hinweise auf Schulfeste, Flohmärkte etc.

- Elternabend vor der Einschulung (meist klassenübergreifend):
  - Vorstellung der Klassenlehrer, falls schon bekannt (eventuell nur mit Namen)
  - Aufteilung der Klassen, falls bereits festgelegt
  - Auflistung von allgemeinen Anschaffungen wie Sport- und Kunstsachen
  - Informationen zum Schulweg (Sicherheit, Parkplatzsituation)
  - Informationen zum Förderverein (am besten ein Mitglied einladen)
  - Buchbestellungen (soweit notwendig – je nach Bundesland)
  - Hinweise auf Besonderheiten (Schwimmunterricht, Religion etc.)
  - Hinweise auf Schulfeste
  - eventuell Gestaltungsmöglichkeiten für die Eltern schaffen (z. B. Trinkbecher)

- Eltern-Kind-Gespräche vor der Einschulung:
  - Wegweiser gestalten und aufstellen
  - Infos über die Schule bereitstellen
  - Auffälligkeiten notieren (positiv und negativ)

- Schuluntersuchung:
  - Wegweiser gestalten und aufstellen
  - Infos über die Schule bereitstellen

- Aktion für Schulanfänger vorbereiten (Malwand, Tapetenrolle, etc.)
- kleine Geschenke vorbereiten und verteilen (z. B. Herzen zum Anstecken)

• Vorbereitungen in der Klasse:
- Überlegungen zur Sitzordnung
- Klassenraum für Ausstellungen vorbereiten

Aufgaben der zukünftigen Klassenlehrer im vorangehenden Schuljahr

• Kindergarten:
- Kindergärten aufsuchen/telefonisch anfragen, welche Kinder in die Schule kommen
- mit Erziehern Lernvoraussetzungen besprechen (allgemein), evtl. im Kindergarten hospitieren (Aufteilung zwischen mehreren Lehrern)
- Infogespräche über die einzelnen Kinder (Genehmigung der Eltern einholen!)
- Einladungen zu gemeinsamem Unterricht
- Besuche mit Schülern im Kindergarten
- eventuell zum Schultütenbasteln vorbeikommen
- Liste mit Anregungen für Schultüteninhalt zusammenstellen und im Kindergarten abgeben

• Gemeinsamer Unterricht mit Kindergartenkindern:
- die eigene Klasse auf den Besuch vorbereiten
- ein Programm für die Stunden festlegen
- Lernstationen aufbauen
- eventuell Themen mit den Erziehern durchsprechen

• Probeunterricht für zukünftige Erstklässler:
- Unterricht gut planen, andere Themen und Ablauf als in den vergangenen Jahren
- Vorlesebuch auswählen
- Blätter vorbereiten zum Notieren der Stärken oder Schwächen einzelner Kinder
- Hausaufgaben entwerfen

• Briefe an die zukünftigen Erstklässler vor den Ferien:
- Brief aufsetzen
- Kindern eine kleine Aufgabe geben
- Malvorlage zum Zurückzählen der Tage beilegen

- Sprachtest:
  - Absprache/Kenntnisnahme durch die Erzieherinnen
  - Testtermin für Gespräche nutzen
  - Kontakt zu Kindern suchen

- Liste der notwendigen Unterrichtsmaterialien:
  - zusammenstellen
  - kritisch auf eventuell unnötige Anschaffungen durchsehen
  - verteilen/versenden

- Klassenlogos vergeben:
  - Tiere, Blumen, Buchfiguren

Der erste Schultag

Endlich ist er da. Der langersehnte, manchmal auch gefürchtete Tag der Einschulung. Die Kinder tragen zum ersten Mal ihre Ranzen, sie schleppen ihre schweren Schultüten – und sie sind sehr stolz.

In den letzten Jahren zeigte sich, dass meist nicht nur ein Elternteil die Kinder zur Schule begleitet, sondern dass neben den Eltern auch die Großeltern und eventuell die Paten mit zur Schule kommen. Das sollte bei allen Überlegungen für die Feier mitbedacht werden. Eine Beschränkung der Begleiteranzahl ist in keinem Fall sinnvoll, denn dieser Tag ist aufgrund seiner Einmaligkeit ein echtes Erlebnis für die Kinder – und die Menschen, die dem Kind wichtig sind, sollten dabei sein dürfen.

Der erste Schultag sollte nicht zu lange dauern. Nach einer etwa einstündigen gemeinsamen Einschulungsfeier erleben die Kinder ihre erste richtige Schulstunde als Schulkinder. Auch diese sollte 60 Minuten nicht überschreiten. Wenn Sie den Weg zum Klassenraum, die Sitzordnung etc. dazurechnen, so steht für den ersten Unterricht wahrscheinlich nur eine halbe Stunde zur Verfügung. Vielleicht können Sie an diesem Tag die Klingel ausschalten. Das verwirrt oft nur!
Es ist empfehlenswert, zwischen 9 Uhr und 9.30 Uhr mit der Feier zu beginnen, Ende ist etwa 11 Uhr bis 11.30 Uhr.

→ **Der Empfang in der Schule**

Die Schulanfänger und ihre Eltern wissen zunächst einmal nicht, wohin sie in der ihnen weitgehend noch unbekannten Schule gehen sollen. Deshalb muss schon beim Betreten des Schulgeländes erkennbar ausgewiesen sein, wo die Einschulungsfeier stattfindet. Bunte Wegweiser sind anzubringen (eventuell laminiert, dann halten sie länger und können im nächsten Jahr wieder verwendet werden).

Außerdem kann ein großes Schild die neuen Schüler willkommen heißen. Beispielsweise:
– Malereien mit lachenden Gesichtern,
– alle Namen der Neuen in Druckschrift (ganz wichtig!),
– Willkommensgruß in vielen verschiedenen Sprachen.

Da erfahrungsgemäß die ersten Gäste schon eine halbe Stunde vor Beginn kommen, muss es für frühe Besucher etwas zu tun geben. Bereiten Sie Ausstellungen auf Info-Stellwänden vor, die Sie später über das Schulgelände verteilen können. Präsentieren Sie hier Bilder, Fotos und Dokumentationen von Klassenfahrten, Projekten und Experimenten aus dem Sachunterricht. Zeigen Sie kurze Texte und Geschichten, Berichte über Ereignisse aus dem Schulleben und vor allem: die in den Besuchsstunden oder im Probeunterricht gestalteten Arbeiten oder Antwortbriefe der neuen Erstklässler.

Tipp: Wenn Sie solche Stellwände regelmäßig neu bestücken, um die wartenden Eltern zu jedem Zeitpunkt mit aktuellen Informationen zu versorgen und die Bilder oder Basteleien der Kinder herzuzeigen, damit diese sich in ihrer Schule wiederfinden, dann haben Sie diese Stellwand am ersten Schultag schnell fertig aufgestellt. Wenn Sie erst einen Tag vorher mit der Wandgestaltung anfangen, werden Sie sehr viel zu tun haben.

Vielleicht kann der Förderverein oder die Elternpflegschaft ein Kuchen- und Kaffeebuffet betreiben. Getränke können schon vor der Feier angeboten werden, während Speisen erst im Anschluss verkauft werden sollten.

Die neuen Schüler freuen sich immer über ein kleines Geschenk. Das kann zum Beispiel ein Bleistift sein, gespendet vom Förderverein, oder Namensschilder, die die älteren Schüler vorbereitet haben. Es gibt ganz viele verschiedene Möglichkeiten, ein Namensschild zu gestalten. Wenn die Klassen auch mit Farben oder/und Tieren gekennzeichnet werden, sollte dies auch in den Namenschildern zu finden sein. So bekommen die Schilder Tiermotive oder werden in speziellen Farben gekennzeichnet. Viele Tiere finden sich auf der CD *(Dateien 12 bis 18)* und müssen dann nur auf die entsprechenden Größen kopiert werden.

Bunte Kappen in unterschiedlichen Farben für die jeweiligen Klassen werden auch sehr gern von den Schülern angenommen.

→ **Die Einschulungsfeier**

Die Einschulung sollte mit einer gemeinsamen Feier beginnen. Teilnehmer sind möglichst alle Schüler und Lehrer der Schule sowie die Besucher (Eltern, Großeltern und Paten) – insgesamt sehr viele Menschen, die alle untergebracht werden müssen.

Entscheiden Sie im Vorfeld, ob wirklich alle mitfeiern sollen. Natürlich kann die Einschulung auch in kleinerem Kreis stattfinden, aber ein Fest in großer Runde stärkt die neue Gemeinschaft. Alle älteren Schüler nehmen die Neuen gemeinsam auf und begrüßen sie. Und alle neuen Schüler fühlen sich von allen willkommen geheißen.

Besonders schön ist eine solche Feier unter freiem Himmel. Da jedoch das Wetter im Spätsommer oder Herbst unbeständig ist, sollte immer eine Ausweichmöglichkeit eingeplant werden. Manche Schulen haben einen Eingangsbereich, der als Aula genutzt werden kann. Auch Pausen- oder Turnhallen eignen sich dafür.

Der Ordnung zuliebe bieten Sie Sitzplätze an. Erst- und Zweitklässler können auf einfachen Turnmatten sitzen. Die Kinder der dritten und vierten Klasse sitzen auf Turnhallen-Bänken. Für alle anderen Gäste stellen Sie Stühle aus den Klassenräumen bereit.

Die älteren Schüler könnten einige Lieder oder kurze Aufführungen zum Besten geben. Längeren Vorträgen wird an diesem Tag kaum jemand folgen, weil das Augenmerk auf anderen Dingen liegt. Gut geeignet und abwechslungsreich wäre ein kurzer Vortrag zum Alphabet: Jedes Kind stellt einen Buchstaben dar und bildet entsprechende Sätze, z. B.: „Ich bin Anna und mag Ananas.", „Ich bin Ben und streichle gern Bären." …

Meist startet ein neues Schuljahr nicht nur mit neuen Schülern, sondern auch mit neuen Lehrern. Diese können bei dieser Gelegenheit ebenfalls allen Schülern vorgestellt werden.

Nach der Begrüßung durch den Schulrektor geht es an die Verteilung der Klassen. Selbst wenn die Kinder gut vorbereitet sind, ist jetzt die Spannung hoch: Wer kommt wohl in meine Klasse? Der zuständige Lehrer liest nun die Namen der Kinder seiner Klasse vor. Bitte schwierige Namen vorher üben!

Die Kinder stellen sich im Klassenverband auf und werden in ihre Klassenräume geführt – zu ihrer ersten Unterrichtsstunde als Schüler. Sind alle Schulanfänger gegangen, kehren auch die älteren Schüler in ihre Klassen zurück.

→ **Die Klassenvergabe mit Motto**

In den ersten Schulwochen treten immer wieder Probleme auf. Die neuen Schüler fühlen sich oft ein wenig verloren und finden manchmal ihren Klassenraum nicht. Es ist daher ganz sinnvoll, den Klassen Tierlogos und/oder eine bestimmte Farbe zuzuordnen *(Dateien 12 bis 18)*.

So könnte der Weg zum Klassenraum mit farbigen Fußspuren, Farbpunkten oder den Spuren des jeweiligen Klassentieres gekennzeichnet werden. Die Spuren werden mit gut zu reinigender Folie auf den Fußboden geklebt. Natürlich nimmt die Folie mit der Zeit Schaden, aber bis dahin haben sich die Kinder den Weg eingeprägt und können ihn alleine gehen.

Die Kinder könnten auch Kleidung, T-Shirts oder Kappen in den entsprechenden Farben oder Tiermotiven tragen. Gerade die Kleinen kann man mit Kappen begeistern; sie tragen sie lange und gerne. Lehrer können sie zudem anhand der Kappen schnell einzelnen Klassen zuordnen.
Eine solche Kleidungsaktion ist relativ teuer. Der Förderverein könnte die Kosten übernehmen, was sich für ihn auszahlt, denn schon bei der Einschulungsfeier wird der Förderverein so als Sponsor benannt. Wenn Eltern sehen, dass ihre Kinder vom Förderverein der Schule beschenkt werden, sind viele eher zum Beitritt bereit.

→ **Der erste Unterricht**

Ihre allererste Unterrichtsstunde hat für die neuen Schulkinder einen viel höheren Stellenwert als der Probeunterricht und frühere Schulbesuche. In dieser Stunde erleben die Schüler ihre Klassenlehrer erstmals in ihrer wirklichen Funktion. Nun ist kein Erzieher mehr dabei. Nun wissen sie: Ihre Schulzeit hat begonnen!

In dieser Stunde möchten Sie sicher gerne eine Menge von Ihren neuen Schülern wissen, um sie so schnell wie möglich kennenzulernen. Doch auf der anderen Seite ist die Neugier mindestens genauso groß. Und es besteht eine Erwartung: dass schon in der ersten Stunde etwas gelernt wird.

Kinder in diesem Alter haben noch kein Gefühl für Namen. Sie kennen zwar den Unterschied von Vor- und Nachnamen, wissen aber nicht, welchen Namen sie verwenden sollen. Darum ist es für Lehrer sinnvoll, sich der neuen Klasse so vorzustellen, wie sie angeredet werden möchten. Sagen Sie also nicht nur Ihren Nachnamen, sondern stellen Sie sich so vor, wie die Kinder Sie ansprechen sollen: Sie sind Herr X oder Frau Y.

Erzählen Sie dann zunächst ein paar Minuten von sich selbst. Besonders interessiert die Schüler, ob Sie Tiere oder eigene Kinder haben, ob Sie in der Nähe wohnen oder weiter entfernt. Ihr Alter ist in der Regel nicht von Interesse. Erwachsene wirken auf Kinder sowieso alle recht alt.

Ihrer Vorstellung könnte sich eine Gesprächsrunde über den Inhalt der einzelnen Schultüten anschließen. So kommt jedes Kind einmal zu Wort. Um die Runde nicht zu lang werden zu lassen, darf jedes Kind nur ein einziges Teil benennen.

Nun muss etwas gelernt werden, das die Kinder mit Schule verbinden – vielleicht ein Buchstabe, mit dem besonders viele Namen der Kinder beginnen. Dazu können Gegenstände gesammelt oder gezeigt werden, die mit diesem Buchstaben beginnen. Als Hausaufgabe eignet sich: Gegenstände mit diesem Anfangsbuchstaben in ein Heft malen oder aus Prospekten schneiden und einkleben. Alternativ können einfache Mathematikaufgaben geübt oder ein kleines Lied eingeübt werden. Mehr Zeit ist nicht.
Am Ende der Stunde können sich alle auf dem Schmuckblatt *(Datei 19)* mit Namen eintragen.

→ **Sitzordnung in der neuen Klasse**

Den neuen Schülern ist wichtig, neben wem sie sitzen. Die Sitzordnung hingegen ist für sie eine zweitrangige Sache, die sie erst später zu schätzen wissen.

Über die Sitzordnung entscheidet der Klassenlehrer. Jede hat ihre Vor- und Nachteile. Meist wird die Hufeisenform gewählt oder die Anordnung in Gruppentischen. Wichtig ist, dass die Tische so gestellt werden, dass alle Kinder zumindest seitlich einen freien Blick auf die Tafel haben.

Für die Platzvergabe gibt es mehrere Möglichkeiten: Die Sitzplätze können zufällig bzw. von den Kindern frei gewählt werden. Die Vergabe kann auch auf Beobachtungen aus dem Probeunterricht oder Empfehlungen der Erzieher aus dem Kindergarten basieren.

Bei einer vorgegebenen Sitzordnung könnten Sie zuvor die Namensschilder auf den Tischen platzieren. Dürfen sich die Kinder ihren Platz selbst aussuchen, dann könnten die Namensschilder vorn auf dem Pult stehen und die Kinder dürfen sie sich holen. Wenn sie die freie Wahl haben, werden viele Kinder zufrieden sein, da sie neben ihren Freunden sitzen. Ist dies bei einzelnen Kindern nicht der Fall, sind sie oft recht traurig.

Darum sollte auch bei einer selbstgewählten Sitzordnung öfter gewechselt werden. Wenn zwei Kinder gar nicht nebeneinander sitzen können, weil sie sich nicht mögen, dann sollten sie möglichst umgehend die Plätze wechseln dürfen. Ihre Konflikte werden sich nicht kurzfristig lösen lassen und durch erzwungenes Nebeneinandersitzen eher verschärft.

Ein anderes Problem ist, wenn zwei zu enge Freunde nebeneinandersitzen. Wenn Sie im späteren Unterricht feststellen, dass beide sich zu intensiv mit unterrichtsfernen Themen beschäftigen, dann drohen Sie ein Auseinandersetzen an – zunächst für einen Tag, eventuell für längere Zeit, falls die Ablenkungsprobleme bestehen bleiben.

Wechseln Sie auch immer mal wieder die selbst gewählte Sitzordnung, sodass unterschiedliche Kinder nebeneinandersitzen und zusammenarbeiten müssen. Notieren Sie sich, wo es Probleme gibt, und weisen Sie die Kinder daraufhin, dass bestimmte Konstellationen nicht funktionieren und Sie im Bezug auf die Sitzordnung immer das letzte Wort haben.

→ **Die ersten Hausaufgaben**

Mit Hausaufgaben schon am ersten Schultag vermitteln Sie den Kindern eine positive Einstellung zu dem Thema. Wenn Kinder gleich zu Beginn lernen: „Heute bekommt ihr noch nichts auf, denn ihr sollt ja feiern!", dann erhält das Thema Hausaufgaben einen negativen Beigeschmack. Darum sollten Sie gerade am Einschulungstag eine leichte, schnell zu lösende Aufgabe erteilen, die nicht zwingend einen Lernzuwachs bringen muss.

Wichtig ist die Botschaft: „Ihr seid jetzt Schulkinder und zur Schule gehören Hausaufgaben!" Wenn dann noch gelernt wird, dass Hausaufgaben auch Spaß machen können, dann ist sehr viel gewonnen. Auf CD finden Sie zwei passende Kopiervorlagen *(Dateien 20 und 21)*. Die Aufgaben (Schultüte anmalen oder Linien nachziehen) sind einfach, haben etwas mit der Einschulung zu tun und machen in der Regel auch sehr viel Spaß.

→ **Infomaterial für die Eltern**

Es gäbe viele Informationen, die Sie den Eltern mitteilen müssten – aber bitte nicht alles am ersten Tag! Vermitteln Sie am Tag der Einschulung wirklich nur das Wichtigste und klären Sie den Rest auf dem ersten Elternabend. Eltern, die nicht erschienen sind, müssen im Nachhinein kurz informiert werden.

→ **Einführung für die Eltern**

Während die Kinder nun ihren ersten Unterricht erleben, müssen auch die Eltern beschäftigt werden.

Oft ist es so, dass – nachdem die Schulanfänger mit ihren Lehrern in ihre Klassen entschwunden sind – die Besuchergruppe rasch auseinanderdriften will: zum Besuch der Cafeteria, zum Plaudern mit anderen Eltern oder Warten auf die Kinder. Halten Sie die Eltern vorher zurück. Sagen Sie Ihnen schon beim Empfang, dass Sie ihnen noch interessante und wichtige Informationen geben wollen, sobald die Kinder in ihre Klasse gegangen sind. Nutzen Sie die Gunst der Stunde: So viele Eltern und an den Kindern interessierte Menschen bekommt man nur zur Einschulung zusammen.

Unterschiedliche Redner sollten den Eltern, möglichst straff gefasst, Grundsätzliches zu folgenden Themen vermitteln:

Förderverein:
Der Förderverein trägt zum Gelingen der Einschulung bei. Die Mitglieder versorgen alle Gäste mit Kaffee und Kuchen oder spendieren den Erstklässlern T-Shirts und Kappen. Ein Mitglied des Fördervereins kann kurz darüber berichten, warum es den Förderverein gibt, was er für die Schule getan hat und was geplant ist. Er darf die Eltern ermuntern, den Verein durch Geldspenden und ihre Mitarbeit zu unterstützen. Projekte könnten kurz angerissen und ggf. weitere Bereiche, die konkreter Hilfe bedürfen (Schulfeste, Renovierungsaktionen, Umgestaltungen des Schulgeländes usw.) angesprochen werden.

Bringen und Abholen der Schüler:
An den meisten Schulen gibt es zu wenige Parkplätze und Haltezonen. Trotzdem wollen viele Eltern ihre Kinder mit dem PKW bringen und abholen. Das führt in Stoßzeiten zu absolutem Chaos. Daher ist es sinnvoll, den Eltern Hinweise zu geben, wo sie halten dürfen und wo nicht (Bushaltestellen, gefährliche Übergänge, Lehrer-Parkplätze, Eingangsbereiche sind tabu). Ein ortsansässiger Polizist als Referent verleiht dem Thema den nötigen Nachdruck. Alternativ sollte der Schulleiter diese Informationen vermitteln. Das Thema sorgt immer wieder für ungute Gefühle auf beiden Seiten. Darum ist es wichtig, den Eltern von Anfang an zu verdeutlichen, wo parkende und haltende Autos die Busse, Lehrer und Schüler behindern würden, und ihnen Alternativen in Seitenstraßen nahezulegen.

Betreten des Schulgeländes:
Viele Eltern sind beim Abholen ihrer Kinder verunsichert. Dürfen sie das Schulgelände betreten? Bis vor welche Tür dürfen sie die Kinder bringen? Und wann darf man sich den Klassenraum einmal anschauen? Jede Schule hat ihre eigenen Regeln. Die Eltern sind über die Gründe aufzuklären. So ist zum Beispiel ein ständiges Betreten der Flure extrem störend in Schulen, deren Klassenzimmer Fenster zum Gang haben, da alle Schüler jedes Mal, wenn eine Person über diesen Gang geht, den Kopf wenden. Trotzdem sollten kurze Besuche im Klassenzimmer möglich sein, denn die Kinder möchten ja gern zeigen, wo sie sitzen und was sie alles schon gebastelt, erarbeitet und gelernt haben.

Sprechzeiten der Lehrer:
Eltern sind stets interessiert daran zu erfahren, wie es ihren Kindern in der Schule geht, oder sie möchten Probleme mit den Lehrern besprechen. Das ist einerseits sehr wichtig, andererseits ziemlich störend, wenn keine festen Zeiten und Grenzen gesetzt werden. Ein Hinweis, wie und wo man die Sprechzeiten der einzelnen Lehrkräfte erfährt, erleichtert die Arbeit für beide Seiten.
Da das Sekretariat nicht ständig besetzt ist, verfügen viele Grundschulen über einen Telefonanschluss mit Anrufbeantworter. Auf diesem könnten Gesprächswünsche hinterlassen werden. Alternativ bereiten die Klassenlehrer gleich in der ersten Woche einen Info-Zettel für die Eltern vor, auf dem sie vermerken, wie ein Kontakt in dringenden Fällen möglich ist. Unterbinden Sie Gespräche, die Eltern direkt vor Unterrichtsbeginn mit Ihnen führen wollen. Jetzt haben Sie keine Zeit und auch keinen Freiraum dafür.

Entschuldigungen:
Das Thema Entschuldigungen sollte ebenfalls kurz angesprochen werden. Denn auch in der Zeit vor dem ersten Elternabend können bereits Kinder krank werden. Sprechen Sie kurz an, ob Entschuldigungshefte geführt werden sollen, ob ein Telefonanruf ausreicht oder ob eine schriftliche Entschuldigung erwünscht ist.

Sammlungen:
Manche Schulen sammeln Kunstmaterialien, andere sammeln Wertstoffe (z. B. leere Druckerpatronen), um Punkte dafür zu bekommen und diese dann gegen attraktive Prämien einzutauschen. Andere Schulen sammeln Briefmarken, um diese Behinderteneinrichtungen zur Verfügung zu stellen. Es gibt vielfältige Möglichkeiten. Diese Sammlungen können von Kindern der Schule vorgestellt werden.

Betreuungsangebote:
Wenn die Schule über ein Betreuungsangebot verfügt, sollte ein Mitarbeiter die Details erläutern. Eltern, die momentan keinen Bedarf haben, sind vielleicht später interessiert.

Wichtig ist, dass die einzelnen Vorträge nicht zu lang werden, um die Zuhörer nicht zu ermüden.

→ **Gottesdienst**

In den meisten Schulen werden heute Gottesdienste zur Einschulung in Zusammenarbeit mit den Kirchen veranstaltet. Kommen mehrere Kirchen in Frage, dann kann dieser Gottesdienst jedes Jahr in einer anderen Kirche stattfinden. Vielleicht bietet sich ein Wechsel an: Findet der Einschulungsgottesdienst in Kirche A statt, wird in Kirche B Weihnachten gefeiert und umgekehrt.

Wann dieser Gottesdienst stattfinden soll, muss individuell entschieden werden. Manche Schulen veranstalten ihn am Tag vor der Einschulung (das ist in der Regel der erste Schultag für die zweiten bis vierten Klassen), andere am Tag der Einschulung. Beides hat Vor- und Nachteile. Manch ein Elternteil kann es nicht organisieren, an zwei Tagen hintereinander am Arbeitsplatz frei zu bekommen. Andere wiederum möchten gern den Nachmittag nach der Einschulung selbst gestalten und nicht noch in die Kirche gehen.

Der Gottesdienst wird in der Regel vom Pastor geleitet. Die Schule steuert einige Programmpunkte bei – meist Gesangsvorträge. Die Kinder freuen sich, wenn sie im Anschluss ein Geschenk erhalten: ein Samenkorn, das zu einer Pflanze heranwächst, ein gebasteltes Schiffchen, eine Sonne, ein Hut oder Ähnliches.

In Schulen, in denen viele Kinder eingeschult werden, die nicht dem christlichen Glauben angehören, sollte auf der Einladung vermerkt sein, dass alle Kinder und Eltern in der Kirche willkommen sind und niemand zum Beten gezwungen wird.

→ **Fotos**

Vor Erfindung der Digitalkameras warteten Fotografen an der Schule und fotografierten die Schulanfänger. Das gehört inzwischen der Vergangenheit an: Heute drehen die Eltern eigene Videos. Und manche schießen mehr Fotos, als Schüler eingeschult werden. Dennoch gibt es immer Eltern, die keine Fotos machen, und andere, die all ihre Aufnahmen nicht weiterverarbeiten. Hier könnte der Förderverein tätig werden – und ganz nebenbei noch auf sich aufmerksam machen und neue Mitglieder anwerben.

Der Förderverein könnte darum bitten, dass gute Fotos auf CD gebrannt und an ihn weitergeleitet werden, um daraus über Digitalfoto-Anbieter im Internet ein Fotoalbum erstellen zu können. Diese Anbieter gibt es zahlreich: einfach bei einer Suchmaschine „Fotoheft", „Fotobuch" oder „Fotoalbum" eingeben. Bei den meisten Anbietern muss eine Software geladen werden, mit der dann so ein Heft erstellt werden kann.

Der Förderverein kann zusätzlich zu den Einzelfotos je ein Klassenfoto der ersten Klasse einfügen. Dazu müssen Kinder und Lehrer zur Gruppe zusammengestellt werden – vielleicht im jeweiligen Klassenzimmer; ein vom Förderverein engagierter Fotograf macht die Runde. Die Aktion sollte vom Förderverein durchgeführt werden, um die Arbeitsbelastung für Lehrer zu reduzieren. Jede zusätzliche positive Aktion vonseiten einer Schule fällt positiv auf die Schule zurück.

Planungsliste

Der Tag der Einschulung

- In der Schule allgemein
  - Raum festlegen
  - Programm gestalten (ggf. gemeinsam mit den höheren Klassen)
  - Empfang vorbereiten
  - Programm konzipieren, kopieren oder drucken lassen (inkl. Werbung für den Förderverein)
  - Elternpflegschaft/Förderverein bitten, Getränke und Kuchen zu organisieren
  - Raum für Cafeteria festlegen
  - Aufbau organisieren
  - Fotograf organisieren (evtl. Förderverein überlassen)
  - Gottesdienst mit Kirche absprechen (Motto festlegen)
  - Kinder für Aufführungen einteilen
  - eventuell kleine Präsente bereithalten

- In der Klasse
  - Sitzordnung vorbereiten
  - Namensschilder bereithalten
  - Unterricht planen
  - Anknüpfen an Probeunterricht
  - Anknüpfen an Einladungsbrief
  - Hausaufgaben

- Vorabinformationen für die Eltern
  - Einladung zu der Einschulungsfeier
  - Einladung zum Einschulungsgottesdienst
  - Infos zum Parken an der Schule

- Programm für die Eltern während die Kinder im Unterricht sind
  - Vorstellung des Fördervereins (eventuell Flyer)
  - Kaffee- und Kuchenbuffet
  - eventuell Führung durch die Schule, den Schulhof oder zur Bushaltestelle
  - Informationen über die Schule aufstellen
  - eventuell Vortrag zum sicheren Schulweg

Die ersten Wochen

Langsam muss nun Ruhe einkehren. Die ersten Klassen sind in der Regel noch sehr quirlig – neugierig, wissbegierig, aber auch unruhig. In den ersten Tagen passieren zudem viele Unwägbarkeiten. Ein Kind verläuft sich, ein Kind schafft es nicht rechtzeitig zur Toilette, dicke Tränen purzeln wegen scheinbarer Nichtigkeiten.

Ein bekannter Spruch lautet: „Erste Klasse – schwerste Klasse". Das gilt sowohl für die Lehrer als auch für die Schüler. Das nötige Maß an Disziplin muss gekoppelt werden mit der Freude am Lernen. Regeln werden eingeübt und doch soll jeder Tag aufs Neue Spaß bringen. Die Kinder machen einen großen Schritt in Richtung Selbstständigkeit, aber auch ihre Aufgaben wachsen.

→ **Die ersten Tage**

Um die Kinder am Anfang nicht zu überfordern, haben sie in der ersten Woche meist nur zwei bis drei Unterrichtsstunden täglich. Mitunter werden die Klassen am Anfang auch geteilt, sodass die eine Gruppe zur zweiten Stunde kommt und nach der vierten geht, die andere Gruppe erst zur dritten kommt und nach der fünften geht. Das ist recht sinnvoll, da in einer kleineren Gruppe das Kennenlernen schneller und einfacher wird.

In den ersten Tagen stehen viele Themen auf dem Plan, die eigentlich wenig mit Unterricht zu tun haben, wie die Kinder ihn sich vorstellen. Darum dürfen Lesen, Rechnen und Schreiben dabei nicht zu kurz kommen. Gleichzeitig ist es wichtig, dass die Kinder auch bei allen anderen Aktionen rund um Schule und Schularbeiten stets das Gefühl haben, etwas zu lernen.

Die Kinder brauchen anfangs noch Hilfe in vielen Bereichen, mit denen zunächst gar nicht gerechnet wird. Darum bergen die ersten Tage immer wieder Überraschungen.

→ **„Die Kinder dort abholen, wo sie stehen"**

Diesen Satz hat sicher jeder, der unterrichtet, schon einmal gehört. Aber was verbirgt sich dahinter, ganz konkret?

In der ersten Klasse ist es wichtig, sich einen Überblick über die Fähigkeiten der Kinder zu verschaffen und sie unter ganz verschiedenen Gesichtspunkten zu analysieren. Diese Analyse ist ein fortlaufender Prozess, der ständig aktualisiert werden muss. Besonders wichtig ist dabei der Austausch mit den Kollegen, die auch in der Klasse unterrichten. Urteile der anderen dürfen jedoch nie kritiklos übernommen werden, sondern es muss ein gemeinsam erstelltes Bild des jeweiligen Schülers gezeichnet werden.

Eine sehr frühe Einschätzung sollte auf keinen Fall eine erste Beurteilung sein, stattdessen kann sie später Aufschluss über die Lernzuwächse des Kindes geben.

Detaillierte Notizen und Aufzeichnungen sind auch von großem Vorteil bei der Vorbereitung der Elterngespräche.

Anregungen zur Erstellung eines Schülerprofils:

○ Kognitiver Bereich:
Hier geht es um erlernte Fähigkeiten, um geistige Kapazitäten und um das Vorwissen, das die Kinder in bestimmten Bereichen mitbringen.

- Allgemein:
Wie sieht es mit den Fähigkeiten des Kindes aus, Zusammenhänge zu verstehen und diese konkret umzusetzen/anzuwenden?
Kann es dem Unterricht uneingeschränkt folgen, braucht es zusätzliche Erklärungen?
Kann es eigene Ideen so formulieren, dass man ihm folgen kann?
Kann es Problemstellungen erfassen?
Kann es sich selbst einschätzen und eigene Probleme und Schwierigkeiten erkennen?

- Sprache:
Spricht das Kind verständlich in Sätzen?
Ist die Aussprache korrekt – sind phonetische Schwierigkeiten vorhanden? (eventuell Gespräch mit den Eltern suchen und logopädische Behandlung anregen)
Gibt es grammatische Probleme?
Kennt es einzelne Buchstaben?
Inwieweit kann es Buchstaben zu Wörtern zusammenfügen?
Kann es Laute aus Wörtern heraushören?
Kann es lesen (einzelne Wörter oder ganze Sätze)?
Kann es schreiben (Namen, einzelne Wörter oder ganze Sätze)?

- Mathematik:
Ist eine Vorstellung von Zahlen und Mengen vorhanden?
Wie groß ist der Zahlenraum, den das Kind überschauen kann?
Kann es Zahlen schreiben?
Von welchen Grundrechenarten hat es schon einmal gehört und wie benennt es sie?
Kann es Grundrechenarten einer entsprechenden Rechenoperation zuordnen?
Welche Grundrechenarten beherrscht es?
Hat es eine Vorstellung von Vergleichen (größer, kleiner, gleich)?

- Sachunterricht:
Kann es sich sachgerecht zu Themen äußern?

Ist es interessiert an den Themen?
Welche Bereiche sind mit einem Vorwissen belegt und wodurch?

- Motorischer Bereich:
  In der Schule fallen motorische Schwierigkeiten von Kindern erst richtig auf. Wenn diese gravierend sind und sich nicht bessern, sollten die Eltern eingeschaltet werden, um eventuell mittels Physiotherapie oder Ergotherapie Fortschritte zu erzielen. Motorische Probleme können auch mit einem gestörten Sehvermögen zusammenhängen. Das sollte in jedem Fall überprüft werden.

  - Feinmotorik:
    Kann das Kind mit Stift und Schere umgehen?
    Wie sieht es mit dem Schreiben von Buchstaben und Zahlen aus?
    Kann es malen und vor allem sauber ausmalen?

  - Grobmotorik:
    Ist eine auffällige Ungeschicklichkeit vorhanden?
    Stolpert das Kind häufiger als andere?

  - Sport:
    Sind die Bewegungen altersspezifisch?
    Müssen bestimmte Bewegungsabläufe besonders geübt werden?
    Macht das Kind in seiner Freizeit Sport? Und wenn ja, welche Sportarten?

- Besondere Fähigkeiten/Hobbys:
  Hat das Kind besondere Fähigkeiten oder Hobbys, die in den Unterricht eingebracht werden können?

- Sozialer Bereich:
  Das Sozialverhalten ist besonders wichtig für einen erfolgreichen Schulbesuch. Beobachtungen in dem Bereich sind sehr bedeutsam, Positives muss betont werden. Von großem Interesse ist zudem das familiäre Umfeld des Kindes. Manche Verhältnisse begünstigen das Lernen, andere hemmen es. Das kann nur in einem ganz kleinen Maß beeinflusst werden. Doch ein Wissen darum begünstigt das Verständnis für einige Verhaltensmuster des Kindes, ohne sie, wenn sie negativ sind, akzeptieren zu müssen. In diesem Fall muss daran gearbeitet werden.

  - Soziale Kompetenzen in der Gruppe und Einzelnen gegenüber:
    Wie verhält sich das Kind anderen gegenüber?
    Kann es anderen zuhören?
    Geht es auf andere ein?
    Hilft es anderen?
    Nimmt es die Hilfe anderer an?
    Wie ist sein Verhältnis zu Erwachsenen?

Unterscheidet es zwischen verschiedenen Erwachsenen und passt sein Verhalten an deren Vorgaben an?
Kann es Regeln einhalten?
Wie verhält sich das Kind gegenüber anderen Kindern in der Klasse und im freien (scheinbar unbeobachteten) Spiel?
Wie viele Freunde hat es in der Klasse und außerhalb?
Wie intensiv sind diese Verbindungen?

- Frustrationstoleranz:
  Wie geht das Kind mit Niederlagen um?
  Wie kann es mit Problemen umgehen?
  Wie reagiert es bei Konflikten mit Lehrern?
  Wie reagiert es bei Konflikten mit anderen Kindern?

- Soziale Voraussetzungen:
  Wie ist das Verhältnis zu den Eltern: Leben diese zusammen? Wenn nicht, bei wem lebt das Kind?
  Gibt es Geschwister?
  Wo steht das Kind im Gefüge der Geschwister?
  Wer betreut das Kind sonst noch?

- Besonderheiten aus dem gesundheitlichen Bereich:
  Eltern sollten regelmäßig daraufhin hingewiesen werden, dass sie die Lehrer über gesundheitliche Probleme der Kinder unterrichten sollten. Erkrankungen wie AD(H)S treten in der Schule oft in aller Deutlichkeit auf. Wenn ein Verdacht auf eine solche Störung besteht, sollten die Eltern in Kenntnis gesetzt werden, sodass sie sich um professionelle Hilfe kümmern können.

All Ihre gesammelten Daten sind Hilfen, um auf jedes Kind individuell eingehen zu können. Kinder, die beispielsweise schon die meisten Buchstaben kennen, müssen mit anderen Aufgaben gefördert werden als Kinder, die noch überhaupt keinen Zugang zum Lesen haben. Bei Kindern, die nicht zuhören können, ist intensiver zu überprüfen, ob sie die Aufgaben verstanden haben.

Gerade in der ersten Klasse sind die Unterschiede sehr groß. Manche Kinder begreifen unheimlich schnell und benötigen ständig neuen Stoff, andere Kinder sind langsamer und oft schon mit einfachen Aufgaben überfordert. Das Arbeiten an Lernstationen bietet vielfältige Möglichkeiten, verschiedene Schwierigkeitsstufen einzubauen. Auf der CD *(Dateien 22 bis 28)* finden sich Beispielaufgaben für die Erarbeitung eines Buchstabens mittels Stationen. Kinder, die schnell sind, können mehrere Stationen erledigen. Damit Kinder und Lehrer die Kontrolle behalten, welche Stationen der Einzelne bereits bearbeitet hat, führen die Kinder eine Karte zum Abstempeln mit *(Datei 29)*: Für jede erfolgreich absolvierte Station dürfen sie einen Stempel aufdrucken.

Die ersten Wochen

Im Klassenverband ist es oft schwierig, den Kindern, die Aufgaben problemlos lösen können, nicht die Lust am Lernen zu nehmen, weil sie unterfordert sind, und gleichzeitig darauf zu achten, dass Sie bei den anderen Kindern keine Überforderung auslösen. Alle Kinder müssen das Gefühl haben, dass sie etwas gelernt haben und immer schlauer werden. Diese (auch den Kindern bewussten) Lernzuwächse sind von Ihnen zu bewerten – nicht in erster Linie das Vorwissen der Kinder.

→ **Individueller Unterricht**

Inzwischen gibt es in den meisten Kollegien Absprachen über den Unterricht in den einzelnen Jahrgangsstufen. Trotzdem hat jeder Lehrer die pädagogische Freiheit, die Unterrichtsgestaltung im Rahmen der Richtlinien nach eigenem Ermessen zu gestalten.

Abwechslungsreichtum – Arbeiten in Gruppen, nach Tages- oder Wochenplänen oder Lernen an Stationen – kann für alle Beteiligten sehr von Vorteil sein. Hier ist Authentizität gefragt und Ehrlichkeit sich selbst gegenüber. Lehrkräfte, die nicht alle Unterrichtsstile praktizieren können oder wollen, sollten sich nicht dazu zwingen, sondern sich ihren persönlichen Stil zugestehen.

Viele Wege führen zum Ziel. Und jede Lehrkraft muss den persönlichen Stil immer wieder mal überdenken. Fortbildungen, Gespräche mit Kollegen oder gegenseitige Unterrichtsbesuche helfen, neue Unterrichtsstile und deren Möglichkeiten in Theorie und Praxis kennenzulernen.

→ **Das Klassenzimmer**

Das Klassenzimmer ist ein Lebensraum für die Schüler, der so gestaltet werden soll, dass sich die Kinder darin wohlfühlen. Im Idealfall gibt es mehrere Rückzugsecken (Leseecke, Bastelecke, Computerecke, Sachecke), einen Nebenraum und viel Platz auf dem Flur, der mitgenutzt werden kann. Leider findet man diese Idealbedingungen nicht überall vor, sondern vielmehr: zu wenig Platz, zu viele Kinder, keine Nebenräume, keine Möglichkeit, auf den Flur auszuweichen. Trotzdem sollte der vorgefundene Raum so gestaltet werden, dass die Kinder sich heimisch und geborgen fühlen.

An den Gardinen kann oft nichts verändert werden, da diese speziellen Brandschutzbestimmungen unterliegen.

Die Wände können jedoch frei gestaltet werden. Es empfiehlt sich allerdings nicht unbedingt, sie mit knalligen, poppigen Grafiken zu verzieren. Eine auffällige Gestaltung überlässt man am besten professionellen Dekorateuren. Zu beachten gilt außerdem, dass es verschiedene Geschmäcker gibt: Einige Kollegen sind vielleicht nicht einverstanden mit dem Dekor. Eine helle, neutrale Farbe ist perfekt geeignet als Hintergrund für Bilder. Unter der Decke könnten Sie Seile oder ein Netz aus dem Baumarkt spannen lassen, um Malereien und Basteleien der Kinder aufzuhängen.

Auf jeden Fall gehört ein Geburtstagskalender in den Klassenraum – mit einem Porträt von jedem Kind. Vielleicht hat der Kalender die Form einer Eisenbahn – mit dem Klassenlehrer als Lokführer? Oder er zeigt Luftballons, die zum Himmel schweben? Hier helfen die Erzieher aus dem Kindergarten sicher gern; sie haben meist viele Ideen für solche Kalender.

Sind die Kinder ein wenig älter, könnten sie ihre eigenen Steckbriefe gestalten und an die Wand hängen. So haben die Kinder die Möglichkeit, sich ein Bild voneinander zu machen.

Jedes Kind sollte zudem einen Platz in der Klasse bekommen, an dem es z. B. seine Kunstsachen oder nicht benötigte Bücher zwischenlagern kann.

→ **Frühstück**

An den meisten Schulen gibt es vor der ersten großen Hofpause eine Frühstückspause von fünf bis zehn Minuten. Diese sollte unbedingt im Klassenverband eingehalten werden. Bitte nicht in diese Pause hineinarbeiten! Auch nicht die Hausaufgaben in der Pausenzeit stellen! Falls Fachlehrer es einmal nicht schaffen, die Hausaufgaben vor der Pause zu stellen, können sie mit dem Klassenlehrer absprechen, dass diese Aufgaben in der nächsten Unterrichtsstunde erteilt werden.

Die Frühstückspause ist wichtig. Viele Erstklässler sind vor der Schule einfach noch nicht wach genug, um richtig zu frühstücken. Sie müssen oft zwischen 7 Uhr und 7.30 Uhr aus dem Haus gehen. Das ist sehr früh und darum ist es notwendig, dass sie in der Schule die Möglichkeit bekommen, noch einmal zu frühstücken.

Viele Schulen bieten ausschließlich Milch- oder Kakaogetränke an. Nach dem Sportunterricht sind Milch und Kakao als Erfrischung jedoch unpassend. Aus einem im Klassenzimmer bereitgestellten Mineralwasserkasten könnten sich die Kinder selbst versorgen.

Die Schüler sollen nicht nur am Frühstück Gefallen finden, sondern am gesunden Frühstück – mit frischem Obst oder Gemüse, eher dunklem als hellem Brot und Alternativen zum Nougatcremeaufstrich. Statt süßer Getränke trinken die Kinder Fruchtsäfte oder Tee. Dies kann die Schule allerdings nicht einfach festlegen. Es würde dazu führen, dass Kinder mit schlechtem Gewissen in die Schule kommen, weil sie das falsche Frühstück eingepackt bekommen haben. Vielmehr bedeutet es, die Eltern für Gesundheitsfragen zu sensibilisieren und die Kinder auf den Geschmack von gesundem, frischem Essen zu bringen.

Hier bietet es sich an, etwa alle vier Wochen ein gemeinsames Frühstück zu veranstalten, das die Eltern ausrichten. Dabei steht gesunde Ernährung im Mittelpunkt. Zusätzlich kann das Thema im Sachunterricht behandelt werden.

Ansonsten kann die Frühstückspause unterschiedlich gestaltet werden. Entweder gestatten Lehrer den Kindern herumzugehen und sich zu ihren Freunden zu setzen oder sie müssen auf ihren Plätzen bleiben. In dem Fall könnte der Lehrer aus einem Buch vorlesen.

→ **Essen und Trinken im Unterricht**

Eine Reihe von Untersuchungen belegen, dass das Trinken von Mineralwasser die Gedächtnisleistung fördert. Kaugummikauen soll intelligent machen. Leider kleben unter zahllosen Schülertischen seit Jahren Kaugummis, die nicht mehr zu entfernen sind. Umfallende Gläser und Becher sorgen für Chaos.

Wer nicht möchte, dass im Unterricht gegessen und getrunken wird, sollte standhaft bleiben und sich nicht durch Untersuchungen davon abbringen lassen. Es ist nichts dagegen einzuwenden, sich in der Pause (auch in der kleinen) Wasser aus dem Mineralwasserkasten zu holen. Auch in Freiarbeitsphasen könnten die Lehrer das Trinken in einer Ecke des Raumes zulassen. Während des Unterrichts führt es dagegen zu großer Unruhe.

Wenn Kinder nach einer Pause müde und kaputt wirken, sollten Sie sie allerdings zum Trinken auffordern; ebenso Kinder, die lange angestrengt gearbeitet haben. Doch Sie allein bestimmen den Zeitpunkt bzw. die Kinder müssen Sie fragen!

→ **Große Pause**

Wichtiger als der Unterricht sind für die Kinder die großen Pausen. Wenn sie zu Hause gefragt werden, wie es in der Schule war, erzählen sie sicher zuerst, was in der Pause geschehen ist.

Auf dem Pausenhof prasseln viele Eindrücke auf sie ein. Hier können (und müssen) sie sich an Gleichaltrigen und Älteren messen – dies bewerten sie höher als das Lernen. Im Gegensatz zum Kindergarten sind hier viel mehr Kinder um sie herum. Es stehen weniger Spielmöglichkeiten zur Verfügung. Die Aufsicht ist hier oft jemand, den sie nicht so gut kennen und der sich nicht so stark um sie kümmert wie ihr Lehrer im Klassenzimmer. Die Kinder haben deshalb häufig das Gefühl, völlig auf sich selbst gestellt zu sein.

Spielgeräte werden meist von den älteren Kindern in Beschlag genommen, weil sie einfach schneller sind. Manche Großen ärgern die Kleinen und diese leiden darunter. Häufig kommt es zu Tränen. Die Kinder einer Klasse müssen lernen zusammenzuhalten und sich trauen, die Aufsicht anzusprechen und auch ihre Paten um Hilfe bitten (siehe „Paten").

Von Beginn an ist daher wichtig, dass die Kinder wissen, an wen sie sich wenden müssen. Darum sollte in den ersten beiden Schulwochen die Aufsicht vorrangig von den Lehrern der ersten Klasse übernommen werden. In den nächsten Wochen werden sie von ihren Kollegen wieder entlastet.

→ Regeln

In der Schule gibt es eine Menge Regeln, die eingehalten werden müssen. Wenn die Kinder von Anfang an daran gewöhnt sind, dann fällt es ihnen auf Dauer leichter, diese zu akzeptieren.

Es ist sinnvoll, einige Regeln auf Bildern darzustellen und in der Klasse auszuhängen. Bei Bedarf wird auf diese Bilder hingewiesen. In den meisten Fällen reicht das aus. Vielfach machen sich die Kinder untereinander auf Regelverstöße aufmerksam. Werden die Regeln gemeinsam mit den Kindern erarbeitet, haben sie sie noch besser im Blick und akzeptieren sie eher.

Kinder, die gegen die Regeln verstoßen, sollten von Anfang an immer wieder darauf hingewiesen werden. Erklären Sie, warum es diese Regeln gibt und was passiert, wenn sie sie nicht beachten und den Unterricht behindern. Stellen Sie klar: Wird Ihr Unterricht gestört und nicht so viel in der Stunde geschafft, wie Sie geplant hatten, müssen die Kinder zu Hause mehr erledigen. Gemeinsame Spiele und Vorlesestunden entfallen an diesen Tagen.

Sie sollten jedoch keine sinnlosen, nicht einzuhaltenden Regeln aufstellen. Für Kinder ist beispielsweise schwer einzusehen, warum sie direkt nach der Pause still auf ihren Stühlen sitzen und leise auf den Lehrer warten sollen. Dass sie sich deshalb leise in der Klasse bewegen sollen, um andere Klassen nicht zu stören, ist viel nachvollziehbarer.

Verhängen Sie keine unsinnigen Strafen. Bei Fehlverhalten müssen Kinder am besten sofort die Konsequenzen tragen und nicht erst später. Wenn ein Kind beim Verlassen des Klassenraums zum Beispiel so herumzappelt, dass einer der hochgestellten Stühle vom Tisch fällt und ein anderes Kind trifft, muss es zur Entschuldigung in den nächsten Tagen den Stuhl dieses Kindes hochstellen.

→ Dienste

In jeder Klasse müssen gewisse Dienste erfüllt werden. Mit diesen Diensten übernehmen die Kinder zugleich Verantwortung für sich und andere. Weisen Sie optisch im Klassenraum auf diese Dienste hin.

Auf einer (eventuell laminierten) Liste mit den Namen der Kinder kennzeichnen Sie mittels Wäscheklammern, wer wann was tun muss. Im Wochenrhythmus wird gewechselt. Auf Wäscheklammern aus Holz könnten kleine Symbole für die Dienste mit Filzstift gemalt werden *(Datei 30 bis 34)*.

Folgende Dienste sind Erstklässlern zuzumuten:
- Tafeldienst: Die Tafel muss nass abgewischt werden. Da der Tafeldienst oft sehr übereifrig ist, sollten Tafelbilder, die nicht weggewischt werden sollen, mit einem Zeichen markiert werden, z. B. durch ein Kreuzchen in der Ecke oben rechts.
- Kakaodienst: Die Kiste mit Kakao und Milch ist zu Beginn der Frühstückspause zu holen (oder besser noch: in der Pause zwischen der ersten und der zweiten Stunde). Außerdem teilt der Diensthabende Flaschen oder Becher und Strohhalme aus. Zum Unterrichtsende bringt er die Kiste wieder weg.
- Pflanzendienst: Stehen Pflanzen im Klassenzimmer, müssen diese gegossen werden. Wie häufig und wie reichlich, hängt von der Pflanzenart ab und sollte mit den Kindern besprochen werden. Stehen Ferien an, können Kinder die Blumen mit nach Hause in Pflege nehmen.
- Ordnungsdienst: Dieser Dienst sorgt dafür, dass die Stühle hochgestellt werden. Im Anschluss fegen Diensthabende die Klasse aus. Dieser Dienst sollte von zwei Kindern gemeinsam geleistet werden.
- Mülldienst: Verschiedene Abfälle kommen in verschiedene Tonnen. Werden die Mülleimer im Klassenraum unregelmäßig oder zu selten geleert, dann müssen die Kinder sie zwischendurch leeren. Auch dies ist ein Dienst für zwei Kinder: Eines öffnet die große Tonne und ein weiteres entleert den Eimer in die Tonne.

Die Kinder können am Ende der Woche selbst entscheiden, ob ein Dienst in der Woche gut funktioniert hat oder nicht. Lief es nicht gut, geben Sie Tipps für das nächste Mal.

→ **Rituale**

Kinder arbeiten gern in festen Strukturen. Das bedeutet, dass eine gewisse Kontinuität im Unterricht erkennbar sein sollte.

Diese Rituale können ganz unterschiedlich sein. Hier einige Möglichkeiten:
- Die neue Woche wird immer mit einem Lied begrüßt.
- In der ersten Klassenlehrerstunde nach dem Wochenende darf jedes Kind berichten, was es erlebt hat.
- Ein neuer Buchstabe wird immer im Stuhlkreis eingeführt.
- Aufstehen zur Begrüßung zeigt in unruhigen Klassen den Beginn des Unterrichts an.
- tägliches gemeinsames Frühstück
- Vorlesen eines Buches
- Besprechung der Hausaufgaben fünf Minuten vor Unterrichtsende
- Geburtstage feiern
- angemessene Verabschiedung ohne Störgeräusche und Zwischenrufe
- besondere Feste im Klassenverband feiern (Karneval, Nikolaus etc.)

Diese Rituale werden von den Kindern sehr ernst genommen. Sie werden zu festen Bestandteilen ihres Vormittags. Wie wichtig sie ihnen sind, kann man oft erkennen, wenn der Klassenlehrer erkrankt und ein Kollege die Vertretung übernimmt. Mit dem Vertretungslehrer läuft einiges anders, doch neben vielen neuen, interessanten Dingen sind auch in diesen Stunden die Rituale stets präsent. So kann es passieren, dass eine Klasse zunächst nicht zu beruhigen ist. Doch nachdem einige Kinder die Vertretung auf ein bestimmtes Ritual hingewiesen haben, tritt plötzlich doch Ruhe ein.

→ **Geburtstage**

Für Kinder im Grundschulalter ist der Geburtstag ein ganz besonderer Tag, der ein besonderes Ritual verlangt. Kinder möchten, dass dieser Tag in der Schule gefeiert wird. Ein Geburtstagskalender im Klassenraum zeigt an, wer wann Geburtstag hat. Damit fühlt sich jedes Kind gleichermaßen gewürdigt.

Geburtstagsdaten sollten zur Sicherheit mit den Eltern abgeglichen werden. Schnell schleichen sich Fehler ein. Und es ist recht peinlich, wenn aus irgendeinem Grund ein Geburtstag vergessen wird. Sollte es doch mal passieren – aus welchem Grund auch immer –, dann ist auch Grundschullehrern ausnahmsweise eine Notlüge erlaubt. Gratulieren Sie sofort, starten Sie umgehend mit der Feier und entschuldigen Sie sich beim Kind für Ihre Langsamkeit. Kaum etwas ist für Grundschüler frustrierender als ein vergessener Geburtstag.

Das Programm an diesem Tag sollte in einem Schuljahr immer nach gleichem Muster ablaufen, damit sich niemand benachteiligt fühlt. Es sollte auf wenige Aktionen und einen Zeitrahmen von zehn Minuten begrenzt werden.

Geburtstage werden am Tag selbst gefeiert. Dass die Daten bekannt sind, erleichtert die Planung. Fallen sie in die Ferien oder auf ein Wochenende, dann werden sie am folgenden Schultag nachgeholt. Stehen zwei Geburtstage an einem Tag an, dann werden auch beide an diesem Tag gefeiert. Es ist sehr enttäuschend für ein Kind, wenn es zurückstecken muss, weil ein anderer Geburtstag vorgezogen wird.

Hier ein paar Vorschläge:
- Bild des Geburtstagskindes sichtbar aufhängen
- Geburtstagskrone basteln
- Das Kind darf sich ein Lied wünschen.
- Eine Kerze wird angezündet.
- Das Kind darf von Geschenken und/oder der (geplanten) Feier berichten.
- Die Klasse überreicht ein kleines Geschenk (Radiergummi, Stift, ...).
- Das Kind erhält einen Gutschein für einen hausaufgabenfreien Tag.
- Das Geburtstagskind selbst verteilt Geschenke.

→ Erziehung zur Selbstständigkeit

Die Kinder müssen lernen, dass sie mit dem Eintritt in die Schule auch einen großen Schritt in Richtung Selbstständigkeit unternehmen müssen. Dazu gehört, dass sie Verantwortung für ihre Hausaufgaben tragen, Dienste in der Klasse übernehmen und ihre Sachen in Ordnung halten.

Wer sein Turnzeug vergessen hat, kann sich nicht hinstellen und schimpfen, dass die Mama nicht daran gedacht habe. Als Grundschüler müssen die Kinder nun lernen, selbst daran zu denken oder für ihre Vergesslichkeit geradezustehen. Das bedeutet auch, dass die Kinder ihren Eltern selbstständig mitteilen, wann sie welche Sachen neu benötigen.

Selbstständigwerden bedeutet nicht, dass das alles vom ersten Tag an reibungslos klappt. Aber ein Weg sollte erkennbar sein.

→ Ordnung

Alles sollte an seinem festen Platz sein! Das gilt für jedes Objekt im Raum: von der Kreide über die Kunstsachen bis hin zum Besen. Wenn sie an einem anderen Platz gelagert werden sollen, müssen die Kinder darüber informiert werden.

Ordnung sollte aber auch in den Mappen der Kinder herrschen. Alle Blätter und Kopien, die Sie den Kindern geben, sollten gelocht sein. Und teilen Sie nie gleichzeitig mehrere Zettel aus. Die Kinder müssen immer Zeit haben, einzelne Zettel ordentlich abheften zu können. Von Zeit zu Zeit sollten die Mappen geleert werden. Die nicht mehr aktuell im Unterricht benötigten Papiere heften die Kinder in einen Ordner um, der bei ihnen zu Hause oder in der Schule steht.

Bleistifte und Buntstifte sollten immer angespitzt bereitliegen. Räumen Sie den Kindern Zeit ein, Ordnung in ihren Federmappen zu schaffen, sonst fliegt sehr schnell mehr als die Hälfte des Inhalts frei im Ranzen herum.

→ Umgang mit Schuleigentum

Die Kinder müssen lernen, verantwortungsbewusst mit ihren eigenen Sachen, aber vor allem auch mit fremdem Eigentum umzugehen. Schulbücher, Tische, Stühle usw. kosten die Schule in der Anschaffung viel Geld. Wenn diese beschädigt, verloren oder unbrauchbar sind, müssen sie neu angeschafft werden – dieses Geld fehlt der Schule dann an anderen Stellen. Machen Sie das den Kindern und auch ihren Eltern deutlich. Wurde Schuleigentum mutwillig oder fahrlässig beschädigt, dann muss der Verursacher bzw. müssen seine Eltern für die entstehenden Kosten aufkommen.

→ **Wir sind eine klasse Klasse**

Wie schafft man es, aus einem quirligen Kinderhaufen eine Klasse zu bilden, in der sich alle wohlfühlen? Wenn das gelingt, entstehen Freundschaften, die die Grundschulzeit lange überdauern werden. Zudem lernen die Kinder besser, wenn die Atmosphäre in der Gruppe „stimmt".

An dieser Aufgabe muss praktisch vom ersten Tag an gearbeitet werden. Die Kinder müssen begreifen, dass jeder Einzelne in der Klasse anders als ein anderer ist, dass jeder seine Macken und Eigenarten hat und dass man dafür niemanden auslachen darf. Im Gegenteil: Bieten Sie Hilfestellungen, die es den Kindern leicht machen, sich gegenseitig zu unterstützen.

Zunächst muss jedes Kind ein Gefühl für sich selbst entwickeln. Es muss merken, dass es mit all seinen Vorlieben, Schwächen, Stärken, seiner ganzen Persönlichkeit von den anderen akzeptiert wird. Die Kinder müssen sich auch Gedanken über ihr eigenes Wesen machen und dies zum Ausdruck bringen. Das kann zu Beginn der Schulzeit hauptsächlich durch Bilder geschehen, die sie im Klassenzimmer ausstellen. Mit diesen Selbstporträts präsentieren sie sich den anderen.

Arbeiten anderer dürfen nicht belächelt werden, jede Arbeit sollte eine Würdigung erfahren. Das baut Kinder auf. Sie sind stolz darauf, etwas von sich in die Schule eingebracht zu haben, selbst wenn es sich nur um Kleinigkeiten handelt.

Kommunikative Spiele schaffen die Grundlage für ein gutes Klima. Gruppenarbeit ist wertvoll. Problematisch ist hingegen, immer dieselben, besonders schlauen Kinder als Helfer einzusetzen. Sie müssen auch Hilfe von anderen erfahren. Auch die Schwächsten müssen zu Helfern werden dürfen, sonst werden Kinder viel zu früh als gute oder schlechte Schüler gebrandmarkt. Wer etwas besonders gut gemacht hat, wird bei einer sich bietenden Gelegenheit gelobt. Aber auch hier ist es ganz wichtig, dass möglichst alle Kinder von Zeit zu Zeit diese Würdigung erfahren.

Die Sitzordnung spielt eine ganz große Rolle. Es ist für viele Kinder höchst unangenehm, neben einem Kind zu sitzen, das es nicht mag. Oft beruht diese Abneigung auf Gegenseitigkeit. Dies hat zur Folge, dass es immer wieder zu kleinen Streitereien kommt und mit der Zeit zu einem unguten Gefühl der Schule gegenüber.

Lehrer erfüllen im Umgang mit den Schülern eine Vorbildfunktion. Ein fairer und möglichst freundlicher Umgang mit den Kindern färbt auf alle ab. Niemand sollte vor der Klasse beschimpft werden. Kein Kind darf wegen schlechter Leistungen das Gefühl haben, nicht gemocht zu werden. Keine Frage darf als dumm oder unpassend abgetan werden.

Wissenslücken sollten Sie nicht belächeln. Eine allgemeine Erklärung wird allen weiterhelfen. Fehler im Umgang miteinander müssen besprochen werden, ohne nachtragend zu reagieren. Nicht alle in der Klasse müssen miteinander befreundet sein, aber ein freundlicher Umgang sollte zwischen allen Kindern gepflegt werden, selbst dann, wenn der Lehrer nicht anwesend ist.

Der Klasse muss grundsätzlich klar sein, dass Spaß nur solange lustig ist, wie alle ihn lustig finden. Kinder sollten lernen, über eigene Fehler zu lachen und zu spüren, wann sie nicht über die Fehler anderer lachen dürfen. Eine freundliche Atmosphäre begünstigt einen solchen Lernerfolg. Ein angespanntes Kind muss viel mehr Aggressionen abbauen als ein ausgeglichenes.

Reagieren Sie weder zu lasch noch zu inkonsequent. Feste und klare Regeln, die für alle gelten, die nachvollziehbar und nicht überzogen sind, helfen allen weiter!

Nehmen Sie die Kinder mit ihren Sorgen und Problemen ernst. Das heißt nicht, dass Sie in jedem Fall mitleiden oder eine Patentlösung servieren müssen. Signalisieren Sie Ihre Bereitschaft, dem Kind zuzuhören, es ernst zu nehmen und mit ihm gemeinsam einen möglichen Lösungsweg zu erarbeiten.

→ **Hilfen zur Konfliktlösung**

Kinder geraten oft in Notsituationen, aus denen sie sich selbst nicht befreien können. Das kann ein angeblich gestohlener Stift sein, ein zerstörtes Bild, ein Streit mit dem besten Freund oder mit einem fremden Schüler aus einer anderen Klasse.

Diese Situation kann die Schüler so sehr mitnehmen, dass sie nicht in der Lage sind, sich selbst daraus zu befreien. Handelt es sich dabei um einen Konflikt, der nur einen einzigen betrifft, dann sollte er unter vier Augen und nicht vor der ganzen Klasse thematisiert werden, es sei denn, ein Klassenkamerad könnte behilflich sein (z. B. bei der Suche nach einem verschwundenen Gegenstand).

Sind mehrere Kinder beteiligt, dann kann ein Konflikt in der Klasse besprochen werden. Was ist passiert? Vor allem: Was wollten die Betroffenen erreichen? Hat jemand etwas gesehen? In den meisten Fällen fühlen sich alle Seiten ungerecht behandelt. Außenstehende können in solchen Fällen leichter zu einer Einigung verhelfen.

Hat jemand etwas sehr Dummes getan (den Schulhof verlassen, geklaut, Unterricht geschwänzt), dann sollte er nicht vor der ganzen Klasse bloßgestellt werden. Wenn alle von diesem Vorfall erfahren sollen, dann kann erzählt werden, dass jemandem aus der Klasse etwas passiert ist und alle anderen aus diesem Fehler lernen sollten. Kollegen, die die Klasse ebenfalls unterrichten, müssen darauf aufmerksam gemacht werden, dass auch sie nicht verraten, um wen es sich handelt.

Für Konfliktlösung sollte zunächst viel Zeit eingeplant werden. Wichtig ist ein faires, doch konsequentes Vorgehen. Leere Drohungen sind nicht hilfreich und werden späterhin eher ignoriert. Ziel muss sein, Konflikte in absehbarer Zukunft selbstständig zu lösen – ganz gleich, ob sie einen einzelnen oder mehrere Schüler betreffen. Natürlich dürfen sich die Betroffenen, wenn sie keine eigene Lösung finden können, jederzeit bei ihrem Klassenlehrer melden.

Kontraproduktiv ist, beiden Parteien eine Schuld zuzuschieben und die Sache damit auf sich beruhen zu lassen. Auch wenn Hilfestellung zur Konfliktlösung zu geben mitunter nicht leicht fällt, so lohnt es sich jedoch immer auf längere Sicht, da das Vertrauen der Kinder in die Schule gestärkt wird.

→ **Kinder mit Problemen**

Jedes Kind ist anders. Jedes Kind hat seine eigenen Wünsche und Träume, seine eigenen Vorstellungen und sein eigenes Lerntempo. Der Unterricht muss sich an das Kind anpassen. Und es sollte so gearbeitet werden, dass der Unterricht für jedes Kind interessant bleibt.

Dennoch kommt es immer wieder vor, dass bei dem einen oder anderen Kind Probleme auftreten. Die meisten Probleme verlieren sich mit der Zeit, trotzdem sollten gemeinsam mit den Eltern Lösungen gesucht werden. Ganz oft liegen Schulproblemen irgendwelche Blockaden zugrunde (Angst vor dem Lehrer, längere Krankheit, Angst vor Mitschülern, Unterforderung, Überforderung …). Ziel sollte sein, das Kind so zu fördern, dass es dem Unterricht folgen und aktiv mitarbeiten kann.

Verstärken sich die Probleme, ist es ratsam, einen Kollegen hinzuzuziehen und gemeinsam zu beratschlagen, ob das Kind wirklich schon schulreif ist. Wird dies verneint und ist eine Besserung nicht absehbar, muss darüber nachgedacht werden, ob eine Zurückstufung eventuell helfen kann. Nach den Richtlinien des jeweiligen Bundeslandes gibt es unterschiedliche Lösungen, z. B. Vorschule, Verbleib in der Klasse oder die Schuleingangsphase.

→ **Ehrlichkeit**

Jeder Lehrer bemüht sich um Ehrlichkeit im Umgang mit den Kindern. Doch unterscheiden sich die Auffassungen darüber, was das bedeutet. Hinterfragen Sie regelmäßig, ob Sie wirklich ehrlich waren und nicht vielleicht aus Gründen der Vereinfachung eine Sache loben, die eigentlich zu kritisieren wäre.

Kinder können in der Regel gut mit fairer Kritik umgehen. Das bedeutet, dass nicht alles gelobt werden muss. Wenn eine Sache nicht gut ist, dann darf das auch gesagt werden. Andersherum müssen gute Ergebnisse vor der Klasse gelobt werden. Gehen Sie dabei auf das Individuum ein. Ein Kind, das schon gut lesen kann, muss nicht jedes Mal herausgestellt werden, wenn es etwas gut gelesen hat. Ein Kind mit Leseproblemen sollte auf jeden Fall gelobt werden, wenn es ein schwieriges Wort flüssig herausbekommen hat. Wenn Kritik notwendig ist, sollte diese so formuliert werden, dass nur die Fehlleistung kritisiert wird und nicht das Kind selbst.

Lehrer dürfen übrigens gerne mal zugeben, wenn sie selbst einen Fehler gemacht haben. Das zeigt den Kindern, dass niemand perfekt ist. Die Kinder dürfen im Gegenzug kritisieren, wenn der Lehrer etwas vergessen hat, das versprochen war.

Ehrlichkeit ist auch den Eltern gegenüber Pflicht. Bei leistungsstarken Kindern macht Ehrlichkeit keine Probleme. Doch Kinder mit Schwierigkeiten benötigen gemeinsame Unterstützung von Eltern und Lehrern, d. h. Eltern müssen eingeweiht werden. Am besten ist es, das Gespräch mit positiven Aspekten zu eröffnen. Bei jedem Kind werden Sie fündig: Sie können z. B. darauf hinweisen, dass es sich rege am Unterricht beteiligt, nett und höflich ist oder in einem Fach besonders gute Leistungen zeigt. Kommen Sie danach offen und ehrlich auf die Probleme zu sprechen: „Das kann Ihr Kind in diesem Bereich. Aber es sollte schon dieses können!" Suchen Sie gemeinsam nach Lösungs- und Übungsmöglichkeiten. Beenden Sie das Gespräch wieder mit einem positiven Ausblick und geben Sie den Eltern das Gefühl, dass Sie alle gemeinsam und mit dem Kind an dem Problem arbeiten. Grundsätzlich gilt: Suchen Sie den Kontakt zu den Eltern so früh wie möglich und warten Sie nicht erst auf Elternsprechtage!

→ **Fehler**

Jeder macht Fehler. Jeder muss Fehler machen, um daraus zu lernen. Die Frage ist nur, wie man im Unterricht mit diesen Fehlern umgeht.

Es gibt verschiedene Arten von Fehlern: Fehler im Umgang mit anderen Menschen, Fehler im Umgang mit Gegenständen sowie Fehlleistungen im Unterricht.

Wer sich anderen Kindern oder auch Lehrern gegenüber falsch verhält, sollte zunächst unter vier Augen auf sein Verhalten aufmerksam gemacht werden. Wurde ein Kind oder ein Erwachsener geschädigt, dann sollte dieser in einem zweiten Gespräch hinzugezogen werden, sodass eine Entschuldigung ausgesprochen werden kann. Dieses Fehlverhalten sollte möglichst sofort geklärt werden. Es muss allen klar sein, dass eine Beeinträchtigung anderer nicht toleriert werden kann.

Wenn Kinder im Unterricht und in ihren Arbeiten Fehler machen, müssen diese differenziert betrachtet werden. In Mathematik ist das sehr einfach: Ein Ergebnis ist entweder richtig oder falsch. Ein falsches Ergebnis muss nicht sofort so benannt werden. Vielleicht kann man das Kind durch Fragen dazu bringen, selbstständig auf Fehlersuche zu gehen.

Im Deutschunterricht ist vor allem wichtig, dass die Kinder die Lust am Schreiben nicht verlieren. Ihre ersten Schreibübungen sind in der Regel voller Fehler, die Wörter wie die Sätze. Da dürfen auf keinen Fall gleich der Rotstift angesetzt und die Fehler korrigiert werden. Auch die Eltern sollten dies erfahren. Im Vordergrund steht zunächst einmal das lautgetreue Schreiben.

Verbesserungen dürfen Sie zu Anfang mit dem Stift des Kindes einfügen. Das ist weniger auffällig und erzeugt weniger Frust. Korrekturen mit einem schwarzen oder dunkelblauen Fineliner zeigen den Eltern, was falsch war, wirken aber nicht so heftig auf das Kind.

Es entlastet die Kinder, wenn man ihnen beim Entdecken eines Fehlers sagt: „Das ist ein schwieriges Problem!" oder „Damit hatte ich auch immer Probleme, als ich noch klein war." Die Kinder fühlen sich somit ein wenig besser verstanden und wissen, dass es nicht schlimm ist, mal etwas falsch zu machen.

→ **Klassentagebuch**

Jeden Tag passiert etwas Neues in der Schule. Um nichts zu vergessen, können die Kinder ein Klassentagebuch führen. Zu Beginn malen sie Bilder oder kleben etwas ein, später schreiben sie dann in das Buch hinein.

Das Klassentagebuch nimmt täglich ein anderes Kind mit nach Hause. Zu einem bestimmten Zeitpunkt (jeden Montag oder Freitag) wird daraus vorgelesen.

Vielleicht hat zum Ende des Schuljahres eine Mutter oder ein Vater die Möglichkeit, das gemeinsam geschaffene Buch zu kopieren, damit alle Kinder eine bleibende Erinnerung an ihre Zeit in der Schule haben.

→ **Kinderbücher und Geschichten**

Kinder lieben Geschichten und Erzählungen. Leider hören sie diese nur viel zu selten. Gerade in der Grundschule, wo die Freude am Lesen vermittelt werden soll, muss jeden Tag mindestens fünf Minuten lang vorgelesen werden. Dazu eignen sich viele Textformen: vom Märchen über einen Fantasy-Kinderroman bis hin zum Sachtext.

Passende Lesezeit kann die Frühstückspause sein, aber auch die Stunde selbst oder der Beginn bzw. Ausklang des Schultages.

Die Kinder können über die gehörten Texte sprechen oder Bilder dazu malen. Wenn sie schon besser lesen und schreiben können, dann ist es möglich, sie ein eigenes kleines Buch über das Gehörte verfassen zu lassen.

Die Kinder könnten Bücher oder Klassenzeitungen auch selbst konzipieren, z. B. über ein bestimmtes Thema, einen Ausflug oder ein anderes besonderes Erlebnis.

Noch Jahre später werden die Kinder gern ihre ersten selbst verfassten Bücher anschauen und ihre Texte lesen.

→ **Der erste Elternabend**

Viele Eltern, aber auch viele Lehrer sehen dem ersten Elternabend mit einer gewissen Scheu entgegen. Man kennt sich noch nicht und kann beiderseitige Fragen nicht vorhersehen. Bereiten Sie sich auf den ersten Elternabend so gründlich vor wie auf eine Unterrichtsstunde oder besser noch: wie auf einen Unterrichtsbesuch.

Die Eltern können die Qualität Ihres Unterrichts nicht beurteilen. Sie kennen ihn nur vom Hörensagen von ihren Kindern. Beim Elternabend sind sie dagegen selbst anwesend. Ist der Abend gut vorbereitet und verläuft er gut organisiert, dann übertragen sie das Erlebnis auf den Unterricht und bewerten auch ihn positiv. Lehrer, die beim Elternabend konfus wirken und permanent den Faden verlieren, müssen damit rechnen, dass ihnen das auch für ihren Unterricht nachgesagt wird.

Die anwesenden Eltern möchten zunächst einmal erfahren, wer für ihr Kind verantwortlich ist. Darum sollte sich jeder Lehrer zunächst einmal kurz vorstellen: Dabei allerdings nicht detailliert den gesamten Lebenslauf inklusive eigener Schulzeit herunterbeten, sondern wenige markante Fakten aufzeigen, die über die Nennung des Namens hinausgehen. Haben Sie eigene Kinder? Wie alt sind Sie? Seit wann unterrichten Sie? An welchen Schulen haben Sie bislang unterrichtet? Wie lange sind Sie schon an dieser Schule? Das sind aussagekräftige persönliche Angaben, die Eltern interessieren.

Nun möchten die Eltern wissen, welche Unterrichtsmaterialien die Kinder benötigen. Geben Sie ihnen eine Liste mit, auf denen Dinge wie gewöhnliche Ordner, Stifte, Zeichenblock stehen. Bieten Sie an, für spezielle Hefte, Ordner und anderes, was man nicht überall kaufen kann, eine Sammelbestellung aufzugeben. Die Eltern nehmen das Angebot in der Regel sehr gerne an und sind meistens sofort bereit, das Geld in die Klassenkasse zu geben. Wurde bereits vor Schulbeginn von der Schule eine Materialien-Liste ausgegeben, sollten Sie versuchen, diese Materialien zu integrieren, da viele Eltern sie schon besorgt haben und sich andernfalls ärgern würden.

Stellen Sie alle Schulfächer kurz vor – und zwar ohne umständliches Suchen und Blättern in Schulbüchern. Das wirkt unprofessionell. Damit würden Sie nur den Eindruck erwecken, selbst zum ersten Mal hineinzuschauen. Die Fächer lassen sich sehr einfach darstellen, da die Inhalte ebenfalls sehr einfach sind. Die Eltern möchten auch unbedingt erfahren, wann die ersten Leistungsüberprüfungen stattfinden und welche Auswirkungen deren Ergebnisse haben werden (Zeugnis, Förderunterricht etc.).

Das Förderkonzept der Schule sollte kurz vorgestellt werden. In welchem Umfang werden welche Kinder ab wann gefördert? Gibt es Fördekonzepte für leistungsstarke/leistungsschwache Schüler?

Die Fachlehrer könnten ihr Fach in einem kurzen Vortrag selbst vorstellen. Sprechen Sie sich vorher mit diesen Kollegen ab, damit nichts doppelt gesagt wird und keine Widersprüche auftreten.

Eventuell steht auch schon das Thema Klassenfahrt an, da manche Schulen Ziele bevorzugen, die sehr früh gebucht werden müssen. Benennen Sie die voraussichtlichen Kosten. Die Eltern müssen grundsätzlich mit dem Ziel und dem Termin einverstanden sein.

Eltern möchten unbedingt wissen, wie und wann sie den Lehrer des Kindes erreichen können, wenn es mal zu Problemen kommt. Empfehlenswert ist, die Zeiten einzugrenzen und anzugeben, wann es am besten passt. Wichtig ist auch, wo Eltern anrufen können: Zu Hause oder in der Schule? Dafür gibt es keine Regel, das muss jede Lehrkraft individuell entscheiden.

Fordern Sie die Eltern auf, Ihnen auf einem vorbereiteten Zettel zu notieren, unter welchen Telefonnummern sie im Notfall zu erreichen sind. So haben Sie alle Kontaktdaten parat und müssen sie nicht im Schulsekretariat heraussuchen. Auch mögliche Erkrankungen des Kindes sollten die Eltern auf diesem Zettel vermerken. Alle Informationen werden selbstverständlich vertraulich behandelt. Bei der Einschulungsuntersuchung wurden vielleicht nicht alle Krankheiten oder Allergien benannt, die im Ernstfall einer speziellen Behandlung bedürften.

Die Wahl der Pflegschaftsvorsitzenden übernehmen die Eltern. Eventuell müssen Sie ihnen zuvor kurz die Aufgaben der Pflegschaftsvorsitzenden erklären.

Eine erste Aufgabe der neuen Pflegschaftsvorsitzenden könnte sein, eine Klassenliste zu erstellen. Schulen dürfen keine Adressen herausgeben, solange die Eltern nicht einwilligen. Eine Liste, in die jeder seine Kontaktdaten selbst einträgt, ist dagegen erlaubt. Eine solche Liste kann auch für eine Telefonkette genutzt werden.

Müssen im Anschluss keine weiteren schulbezogenen Themen mehr geklärt werden (Parkplätze, Betreuungsangebote, Umbauten etc.), kommen Sie zum Punkt „Verschiedenes". Hier beantworten Sie allgemeine Fragen.

→ **Elternarbeit**

Dieses Thema sprechen viele nur ungern an. „Elternarbeit" bedeutet oft unangenehme Gespräche, Nachmittage, an denen niemand gern redet, Elternstammtische, an denen die Eltern nur dann ihre Meinung kundtun, wenn keine Lehrer dabei sind.

Nicht nur für Erstklässler, auch für Eltern ist die Situation neu. Ihnen muss die Gelegenheit gegeben werden, sich daran zu gewöhnen. Viele Eltern haben besonders im Grundschulbereich oft das Gefühl, dass die Arbeit von den Lehrern eigentlich jeder erfüllen kann. Lesen, schreiben und ein wenig rechnen ist schließlich nicht so schwer.

Es gibt zwei Möglichkeiten damit umzugehen. Entweder kann man versuchen, die Eltern so weit wie möglich aus der Schule herauszuhalten, oder man lädt sie ein, mitzumachen und aktiv am Geschehen teilzunehmen. Im Zuge steigender Sparmaßnahmen, die sich sowohl im Unterricht als auch bei der Schulausstattung, Reinigung etc. bemerkbar machen, ist Engagement vonseiten der Eltern gefragt.

Im Folgenden sind Beispiele für eine Elternarbeit aufgeführt, die den Eltern das Gefühl geben, den Schulalltag mitzugestalten, und die für Lehrer kaum Mehrarbeit bedeutet. Mitsprache am Unterricht haben die Eltern hingegen nicht.

— Verschönern des Klassenzimmers: Eine gemeinsam hergerichtete Klasse verbindet. Wände streichen, Vorhänge anbringen, ein Hängesystem für Kunstausstellungen unter der Decke installieren: Solche Tätigkeiten vermitteln den Eltern das Gefühl, etwas für ihre Kinder getan zu haben. Treffen Sie selbst Vorentscheidungen, geben Sie die Richtung vor! Wenn die Eltern meinen, überall mitbestimmen zu können, drohen endlose Diskussionen.

— Vorlese„stunden": Ein Elternteil kommt in die Schule und liest den Kindern fünf bis zehn Minuten lang vor: der gesamten Klasse oder einer kleinen Gruppe, während des Unterrichts oder in den Frühstückspausen (wichtig ist dann eine extrem ruhige Atmosphäre). Als Texte eignen sich kurze Geschichten oder Passagen aus Büchern. Die Texte können von den Lehrern vorgegeben, in Absprache ausgewählt oder von den Eltern mitgebracht werden. Vorteil ist: Die Kinder hören unterschiedliche Vorlesestimmen, der Sinn des Lesenlernens wird noch einmal verdeutlicht und es macht einfach Spaß. Die Eltern können sich abwechseln, sodass der Aufwand recht gering bleibt.

— Experten: Von Lehrern wird verlangt, dass sie alles wissen. Das ist unrealistisch, niemand weiß alles. Daher ist ratsam, für bestimmte Themen Experten einzusetzen. In jeder Klasse gibt es sie: die Eltern. Die eine Mutter oder der eine Vater kann gut backen. Damit ist eine Backveranstaltung im Advent schon gerettet. Die Oma eines anderen Kindes macht Stadtführungen. Manch ein Elternteil arbeitet bei der Polizei, bei der Feuerwehr oder der Müllabfuhr, im Klär- oder Wasserwerk oder mit Computern. Andere sind Ärzte oder haben einen Bauernhof und halten Tiere, über die im Unterricht gesprochen werden soll. Wieder andere sind Pflanzenkenner. Das entbindet einen Lehrer natürlich nicht von einer gewissenhaften Vorbereitung. Doch sowohl bei der Vorbereitung als auch bei der Präsentation vor der Klasse können Eltern einbezogen werden: als Informanten, als Spender, der Objekte aus seiner Arbeitswelt zur Verfügung gestellt hat, oder auch als vortragender Experte im Unterricht. Wie und in welcher Form das geschieht, entscheiden Sie als Lehrer, denn im pädagogischen Bereich sind Sie der Experte.

Wenn sich Eltern mit einem Thema aus ihrem eigenen (Arbeit-)Alltag besser auskennen als Sie, sollten Sie sie unbedingt einbeziehen. Nichts ist schlimmer, als später hinterrücks zu hören, dass Sie Fehler gemacht und den Kindern etwas Falsches beigebracht haben.

→ **Elternsprechtage**

Keiner mag ihn wirklich, den Elternsprechtag: die Kinder nicht, viele Lehrer nicht und auch die Eltern haben ein ungutes Gefühl.

Die Schulleitung legt fest, wann ein Elternsprechtag stattfindet. Daran können Sie wenig ändern, doch Sie können sich den Tag einfacher und gut erträglich gestalten.

Sehen Sie ungefähr eine Woche vor diesem Tag all Ihre Aufzeichnungen durch. Überlegen Sie, was in jedem Fachbereich mittleres Ziel ist, z. B. Buchstaben erkennen, beim Lesen Buchstaben zusammenschleifen, Wörter schreiben, bis 20 zählen können. Und: Welches Verhalten ist in der Klasse und im Umgang mit dem Material angemessen? Welche Leistungsbereitschaft ist vorauszusetzen?

Messen Sie nun jedes Kind an diesen Vorgaben und schreiben Sie zu jedem einen kurzen Text. Beachten Sie dabei deren Grundvoraussetzungen und den Lernzuwachs.

Planen Sie für ein Elterngespräch eine Dauer von 15 Minuten ein. Wenn Sie Schwierigkeiten erwarten, geben Sie sich einige Minuten mehr Zeit. Problematische Gespräche bestreiten Sie am besten zu zweit mit einem Kollegen. Vielleicht hat ein Lehramtsanwärter oder ein Fachlehrer Zeit, der ebenfalls in der Klasse unterrichtet.

Geben Sie den Eltern Termine. Hängen Sie diese auch an der Klassentür auf.

Lassen Sie die Eltern zunächst berichten, wie sie den Schulstart ihres Kindes einschätzen. Geben Sie dann Ihre Meinung zum Lernstand des Kindes ab und beraten Sie die Eltern, wie Verbesserungen oder Veränderungen erzielt werden könnten.

Manche Eltern neigen dazu, eigene Versäumnisse der Schule zuzuschreiben. Lassen Sie sich auf keine ausufernden Diskussionen ein. Haben die Eltern Recht, versprechen Sie ihnen, dass sie es abändern werden. Haben sie Unrecht, dann begründen Sie kurz, warum Sie was machen, oder berufen Sie sich darauf, dass Ihr Verhalten schulinternen Absprachen entspricht.

Egal wie das Gespräch abläuft: Versuchen Sie, die zukünftige Laufbahn des Kindes in ein positives Licht zu rücken: „Wir werden das schon gemeinsam schaffen!" Optimistische Einschätzungen vermitteln den Eltern, dass es Möglichkeiten gibt, Probleme zu überwinden, wenn alle gemeinsam daran arbeiten.

→ **Schwere Schulranzen**

Schulranzen waren früher zu schwer und sind es heute leider immer noch. Ein Erstklässler wiegt im Durchschnitt etwas mehr als 20 Kilogramm. Das Gewicht des Ranzens sollte maximal zehn Prozent des Körpergewichts betragen, also etwa zwei Kilogramm. In den allermeisten Fällen wird dies um mehr als ein Drittel überschritten. Mitunter kommen zusätzlich noch die Sportsachen hinzu, die ebenfalls in die Schule mitgenommen werden müssen, in vielen Schulen dreimal wöchentlich. Was also tun?

In vielen Klassen wird mit zwei Heften gearbeitet – allerdings nicht mehr wie früher mit Haus- und Schulheft. Das zweite Heft gibt Lehrern die Möglichkeit, eines mit nach Hause zu nehmen, um die Richtigkeit der erledigten Aufgaben in Ruhe kontrollieren zu können. Da aber nicht jeden Tag ein Heft kontrolliert wird, haben die Kinder oft eines zu viel im Ranzen. Ein Heft kann somit immer in der Schule verbleiben.

Sonderhefte für die Arbeit an Karteikästen oder anderen Freiarbeitsmaterialien können in der Schule an einem gemeinsamen Platz gelagert werden. Blöcke, Kunstutensilien, eventuell auch Stifte finden einen Platz in der Klasse. Die Kinder können sie bei Bedarf aus ihrem Fach holen. Wird ein Blatt vom Block für die Hausaufgaben benötigt, wird es kurzerhand vom Block abgerissen und in die Arbeitsmappe geheftet.

Kinder haben oft recht viele Mappen in ihrem Schulranzen. Machen Sie ab und an Stichproben, ob sie tatsächlich nur die Mappen mitnehmen, die auch benötigt werden. In Mappen sammelt sich sehr schnell eine Menge Papier an, das nicht mehr gebraucht wird. Die Kinder sollten von Zeit zu Zeit ihre Mappen leeren – entweder zu Hause oder in Ordner, die in der Klasse bereitstehen.

Bücher, die nicht benötigt werden, bleiben entweder in der Schule oder zu Hause.

Getränke belasten den Ranzen auch nicht unerheblich. Sorgen Sie dafür, dass in der Klasse Getränke angeboten werden. Milch und Kakao gibt es an den meisten Schulen. In der Klasse sollte zudem ein stets gefüllter Mineralwasserkasten stehen. Dann können die Getränke zu Hause bleiben.

Sportzeug ist ein schwierigeres Thema. Die Sachen können durchaus ein paar Tage in der Schule verbleiben. Allerdings sollten sie nie länger als eine Woche unausgepackt im Beutel stecken, denn irgendwann fangen sie an, unangenehm zu riechen. Vielleicht kann die Regelung getroffen werden, dass am Tag der ersten

Sportstunde in der Woche das Sportzeug mitgebracht und am Tag der letzten Sportstunde der Woche wieder mit nach Haus genommen wird. So kann auf zwei bis vier Schulwegen die Tragelast gemindert werden.

Kinder neigen dennoch dazu, unnötige Dinge mitzunehmen. Es beeindruckt sie sicher, wenn Sie mit ihnen im Sachunterricht besprechen, zu welchen Problemen und Haltungsschäden das führen kann. Gleichzeitig sollte eine Waage in der Klasse stehen, die Sie sporadisch zur Überprüfung hinzuziehen. Die Kinder sind zwar noch nicht in der Lage, Prozentrechnungen zu lösen, aber im Fall des Ranzengewichts, das zehn Prozent ihres Körpergewichts nicht überschreiten sollte, ist es ihnen sehr einfach zu erklären: Ein Kind, das 22 Kilogramm wiegt, darf einen Ranzen von max. 2,2 Kilogramm tragen. Das verstehen auch Erstklässler.

Nur wenn das Kind einverstanden ist, dürfen Sie einen Blick in seinen Ranzen werfen. Grundsätzlich müssen Sie das Kind vorher fragen, ob Sie hineinschauen und den Inhalt auch den Klassenkameraden zeigen dürfen.

→ **Sicherer Schulweg**

Solange Kinder in den Kindergarten gehen, werden sie in der Regel von einer erwachsenen Person begleitet. Mit dem Schuleintritt ändert sich das allmählich. Während in den ersten Wochen noch zumeist ein Elternteil die Kinder zur Schule bringt und abholt, werden die Kinder mit der Zeit immer selbstständiger. Das ist auch gut so.

Trotzdem birgt der Weg zur Schule und zurück eine Menge Gefahren. Man kann Kinder leider nicht vor allen Gefahren schützen, aber sie können darauf vorbereitet werden und lernen, sich dieser Gefahren bewusst zu werden.

Dazu ist es sinnvoll, wenn die Eltern bereits im Vorfeld über Gefahrenpunkte auf dem Schulweg informiert werden. Die örtliche Polizei kann hier oft weiterhelfen und die Eltern darauf aufmerksam machen, wo sie z. B. keine wichtigen Übergänge zuparken dürfen.

Die Polizei ist meist auch gern behilflich, den Kindern das richtige und sichere Verhalten im Straßenverkehr beizubringen. Dies muss aber regelmäßig wiederholt werden, da nur häufiges Training richtiges Verhalten dauerhaft einüben kann.

Eventuell können einzelne Elternteile eine Zeit lang morgens heikle Stellen sichern und den Kindern beim Überqueren der Straße behilflich sein. Die größeren Kinder sollten ebenfalls dazu angehalten werden, den kleinen zu helfen, wenn sie merken, dass diese Probleme haben. An manchen Schulen gibt es auch einen „Walking Bus", in den Kinder einsteigen können.

Dennoch sind Eltern immer besorgt, ob ihre Kinder wirklich gut in der Schule angekommen sind. Bieten Sie an, bei unentschuldigt fehlenden Kindern anzurufen, wenn diese nicht im Unterricht erscheinen. Üben Sie auch mit den Kindern, wie sie sich verhalten sollen, wenn sie von Fremden auf der Straße angesprochen werden. Dies kommt zwar glücklicherweise nicht so oft vor – aber wenn es geschieht, sollten die Schüler darauf vorbereitet sein.

→ **Umgang mit Hausaufgaben**

„Hausaufgaben sind Hausfriedensbruch." Diesen Satz können Lehrer sicher nur schwerlich nachvollziehen, wenn sie keine eigenen Kinder haben. Haben sie welche, dann werden sie ihn unterstreichen.

Hausaufgaben können für Kinder, die nur langsam lernen, zur absoluten Qual werden. Sie sitzen schon in der ersten Klasse mehrere Stunden daran und werden und werden nicht fertig. Da nützen kein Loben, kein Schimpfen, kein Anreiz und auch keine Strafe. Dies bleibt zu Hause ein ewiges Thema.

Die häufig angewandte Praxis, dass in der Schule mit den Aufgaben begonnen wird und sie dann zu Hause fertig gestellt werden, hat zwei Seiten. Schnelle Schüler sind damit in der Schule häufig schon sehr weit, vielleicht sogar ganz fertig, während sich die langsameren noch zu Hause sehr lange abmühen. Es ist keine Lösung, ein Zeitlimit zu setzen, denn das wird von den meisten Eltern unterwandert. Sie rechnen die Zeit, die das Kind vor sich hin träumt, einfach nicht mit. Die Lehrer sollen ja nicht schlecht von dem Kind denken. Und außerdem ist langes Üben ja immer gut.

Zusatzaufgaben für schnelle Schüler lösen bei den Eltern anderer immer gleich eine Art Panikreaktion aus. Wenn sie bemerken, dass ein anderes Kind andere Aufgabenbögen als das eigene Kind hat, dann kopieren sie diese sofort. Viele (langsamere) Kinder müssen diese Aufgaben dann noch zusätzlich erledigen. Die Hausaufgabenzeit sollte daher möglichst begrenzt werden.

Lassen Sie die Schüler schon ab der zweiten Woche ein Hausaufgabenheft führen. Das gibt den Kindern die Sicherheit, dass sie jederzeit dort nachschauen können, was zu tun ist. Und die Eltern haben eine Kontrollmöglichkeit. Am Anfang brauchen die Kinder noch sehr, sehr lange für die Eintragungen. Aber irgendwann haben sie verstanden, wie es geht, und können dann weitestgehend selbstständig die Eintragungen nach dem Tafelanschrieb vornehmen.

Am Anfang muss mit vielen Farben und leicht verständlichen Bildern gearbeitet werden. In den meisten Schulen sind die verschiedenen Fächer durch Farben gekennzeichnet. Mappen und Hefte tragen dieselben Farben. Ist zum Beispiel für das Fach Deutsch die Farbe Rot gewählt, dann müssen die Hausaufgaben auch in dieser Farbe eingetragen werden. Für Arbeiten in der Mappe gibt es ein Bildzeichen, ebenso für Arbeiten im Heft oder in der Fibel. Sind Aufgaben nur mündlich zu erledigen, wie zum Beispiel Lesen, dann können sie unterstrichen werden. Später kommen Worte hinzu. Auch wenn sich einige Kinder gegen ein solches Heft wehren (mitunter viele Schuljahre lang), sollten Sie immer wieder versuchen, ihnen den Sinn und Nutzen nahezubringen. Es lohnt sich – auch für die Eltern.

Auch wenn sicher einige Eltern ein Zeitlimit unterwandern, ist es sinnvoll, ihnen eine ungefähre Zeitvorgabe für die Länge der Hausaufgaben zu geben. Wenn diese überschritten wird, dürfen sie stoppen. Dieser Zeitrahmen für das erste Schuljahr kann ungefähr so aussehen:

→ bis zu den Herbstferien: 30 Minuten
→ bis zu den Weihnachtsferien: 45 Minuten
→ bis zu den Osterferien: 1 Stunde
→ bis zu den Sommerferien: ebenfalls 1 Stunde

Die Hausaufgaben müssen nicht jeden Tag so lange dauern. Gemeint ist: Die Eltern können dann einschreiten, wenn die Kinder diesen Zeitrahmen überschreiten. Sollten sie jedoch mit Freude bei der Arbeit sein, dann sollten sie nicht unterbrochen werden. Im Fall eines Abbruchs wegen Zeitüberschreitung sollten die Eltern einen kurzen Vermerk ins Heft setzen, damit Sie sehen, dass es die Eltern waren, die an dieser Stelle gestoppt haben, und nicht findige Kinder, die meinten, dass es nun reichte ... Die Eltern brauchen keine ausufernden Diskussionen mit den Kindern zu führen: Wenn die Zeit um ist und die Kinder wirklich erschöpft sind, dann sollen sie sie bitten, die Reihe, die Aufgabe oder den Abschnitt noch zu beenden und dann aufzuhören. Ist dies bei einzelnen Kindern zu häufig der Fall, muss überprüft werden, ob der Stoff sie eventuell überfordert.

Die Hausaufgaben sollten abwechslungsreich und unterhaltsam sein: Malaufgaben, Rätsel lösen, lustige Kurzgeschichten lesen, Dinge ausschneiden, zuordnen, vergleichen etc. Solche Aufgaben machen den meisten Kindern Spaß. Dadurch wird ihre Einstellung zum Thema Hausaufgaben positiv beeinflusst.

Wichtig ist Ihr Umgang mit nicht erledigten Hausaufgaben. Die Kinder sollen von Anfang an dazu erzogen werden, ehrlich zu sagen, welche Hausaufgaben sie gemacht haben und welche nicht. Wurden falsche erledigt, kann das mal passieren, aber bitte nicht zu häufig. In dem Fall müsste überprüft werden, ob das Kind die Hausaufgaben richtig aufschreibt.

Vergisst ein Kind ab und zu mal seine Hausaufgaben, ist das noch kein Drama. Kommt das jedoch häufiger vor, muss in Abstimmung mit den Eltern in Erfahrung gebracht werden, woran es liegt. Hat das Kind einfach keine Lust? Keine Zeit? Keine ruhige Umgebung? Oder sind die Aufgaben zu schwer? Grundsätzlich sollte gelten, dass nicht erledigte Hausaufgaben in jedem Fall nachgeholt werden müssen – und zwar ohne Zeitlimit. Eventuell können diese am Wochenende bearbeitet werden, wenn ausreichend Zeit vorhanden ist.

Bitte bestrafen oder beschimpfen Sie das Kind nicht, wenn es die Aufgaben häufiger nicht erledigt, sondern reden Sie ruhig mit ihm. Reicht das nicht, können die Eltern hinzugezogen werden. Dem Kind sollte klargemacht werden, dass Hausaufgaben dazu dienen, den Stoff zu vertiefen, den es in der Schule lernt. Besonders einprägsam für das Kind ist sein Versäumnis, wenn mit den Hausaufgaben in der Schule gearbeitet werden soll. Die Kinder, die sie nicht erledigt haben, können dann nicht mitarbeiten. Diese Erfahrung ist recht heilsam.

Manche Kinder verheimlichen (häufig aus Angst) nicht erledigte Hausaufgaben. Wenn Sie sie erwischen, erklären Sie ihnen, dass es nicht in Ordnung ist, die Aufgaben nicht gemacht zu haben und es dann zu verheimlichen. Als einmaliger Vorfall würde dies Verhalten aber keine weiteren Konsequenzen nach sich ziehen. Kommt es häufiger vor, sind Konsequenzen unvermeidlich. Dann muss das Kind besser kontrolliert und die Eltern eingeschaltet werden. Bestehen Sie in dem Fall auf die Nacharbeit der Aufgaben.

Es gibt auch Kinder (häufig die sehr schnellen und pfiffigen), die die Aufgaben erst dann beginnen, während Sie die Hefte anderer Kinder schon kontrollieren. Oft schaffen sie es sogar, fertig zu werden. Es ist sehr schwer, diesen Kindern zu erklären, dass sie damit gegen eine Regel verstoßen. Von ihrem Standpunkt aus gesehen, haben sie die Aufgaben rechtzeitig vorliegen; meistens sind diese sogar richtig. Eigentlich müsste man sie für ihre Fähigkeiten loben! Der Umgang mit diesen Problem wird für Sie zum Balanceakt: Sie müssen erklären, dass ihr Verhalten zwar nicht erlaubt, ihre Leistung aber eigentlich sehr gut ist.

Die Kontrolle der Hausaufgaben kann nicht jeden Tag detailliert durchgeführt werden. Das sollten Sie den Eltern sagen. Erläutern Sie ihnen auch, welche Ihrer Markierungen im Heft der Kinder welche Wertigkeit hat. Ein Stempel oder ein Häkchen unter den Aufgaben bedeutet, dass die Hausaufgaben gesehen und für vollständig befunden, aber nicht kontrolliert wurden. Ein Lachgesicht oder Weingesicht gibt Aufschluss über Sorgfalt der Arbeiten. Diese Gesichter sind schnell gemalt und geben dem Kind und den Eltern die Möglichkeit, eine Rückmeldung zu erhalten. Die Bewertung mit diesen Männchen kann auch individuell erfolgen. Ein Kind, das nicht schön schreiben kann, sollte trotzdem auch mal ein lachendes Gesicht bekommen.

Steht eine Unterschrift unter den Hausaufgaben, dann wurden auch Fehler korrigiert. Diese Art der Bewertung ist nicht zu verwechseln mit einer Benotung. Doch sie zeigt eine Richtung und gibt vielleicht auch eine Warnung. Denn wenn Kinder immer nur hören, dass alles toll ist, was sie machen, und die Eltern ebenfalls diesen Eindruck haben, dann wird ihre Arbeitsqualität unweigerlich nachlassen. Und sobald es erste Zensuren gibt, kommt das böse Erwachen. Kurze knappe Kommentare – sowohl positive als auch negative – sind von Zeit zu Zeit angebracht.

Gewürdigt werden müssen die Hausaufgaben in jedem Fall. Ein kurzer Blick reicht bei den Kleinen oft aus, um zu sehen, was gut und was weniger gut gelingt. Matheaufgaben, Zuordnungen oder Ähnliches können auch vorgelesen und untereinander abgeglichen werden. Die Korrektur können die Schüler dann gleich selbstständig vornehmen. Entscheiden Sie selbst, ob Fehler mit dem Bleistift oder mit einem Farbstift korrigiert werden sollen.

Einfache Gesichter können aber auch bei unruhigen Kindern genutzt werden, um den Eltern eine Rückmeldung über das Verhalten der Kinder im Unterricht zu geben. Es ist schnell in ein kleines Heft eingezeichnet und das Kind erkennt, dass eine Rückmeldung von der Schule nach Haus geht. Zu Hause steht dann nicht im Heft, was falsch gemacht wurde, sondern nur, dass eine Störung entstanden ist. Auf diese Art und Weise ist das Kind gezwungen, sich noch einmal mit der Situation auseinander zu setzen.

→ **Kranke Kinder**

Wenn ein Kind krank ist, dann rufen die Eltern in den meisten Fällen in der Schule an und entschuldigen es. Entweder nimmt das Sekretariat den Anruf entgegen oder es läuft ein Anrufbeantworter. In der Regel ist es nicht nötig, den Klassenlehrer ans Telefon zu holen.

Ob zusätzlich eine schriftliche Entschuldigung und ab wann ein ärztliches Attest eingereicht werden muss, sollten Sie im Kollegium absprechen. Entscheiden Sie sich für die schriftliche Entschuldigung, ist es hilfreich, den Eltern am ersten Elternabend eine Vorlage mitzugeben, denn viele wissen nicht, welche Informationen auf eine solche Entschuldigung gehören *(Datei 35)*. Erwähnen Sie beim Verteilen beiläufig, dass dies ein Muster ist und dass sie ihm u. a. die Schulanschrift entnehmen könnten.

Erfinden Sie ein besonderes Ritual für kranke Kinder. Kranken Kindern geht es gleich viel besser, wenn sie wissen, dass die ganze Klasse an sie denkt. Vielleicht könnten zwei oder drei Kinder eine Genesungskarte gestalten und alle unterschreiben sie. Diese Geste ist zudem ein Schreibanlass für die gesunden Kinder und ein Leseanlass für das kranke Kind. Die Karte wird dem kranken Schüler zusammen mit den Hausaufgaben überbracht.

Es ist ratsam, frühzeitig festzulegen, wer wem die Hausaufgaben bringen kann, damit diese auch wirklich ankommen und kein Kind Umwege gehen muss. Fehlt ein Kind längere Zeit, müssen Sie mit den Eltern individuell abklären, was das Kind durch die Krankheit leisten kann und was nicht.

→ **Sportunterricht**

Der Sportunterricht ist in der ersten Klasse oft sehr abenteuerlich. Bis endlich alle Kinder umgezogen sind, lohnt es sich fast gar nicht mehr anzufangen. Darum sollten die Eltern noch einmal darüber informiert werden, dass es sinnvoll ist, wenn Kinder an Sporttagen Kleidung tragen, die sie leicht an- und ausziehen können. Ein Sport-T-Shirt könnte zu Hause untergezogen werden und nach dem Sport dann ausgezogen. Wer Probleme mit dem Schuhebinden hat, sollte Sportschuhe mit Klettverschlüssen tragen.

Die Eltern müssen wissen, unter welchen Bedingungen der Sport im Freien stattfindet und was dabei besonders beachtet werden muss (geeignetes Schuhwerk, der Temperatur angepasste Kleidung etc.).

Das Sportzeug sollte maximal eine Woche in der Schule verbleiben dürfen. Gerade im Sommer ist es ratsam, dass die Schüler es am Ende der Woche zum Waschen mit nach Hause nehmen.

→ **Klassenkasse**

Die Klassenkasse dient dazu, Geld für allgemeine Anschaffungen kurzfristig verfügbar zu haben, z. B. für Unterrichtsmaterialien: Einzeldinge oder Sammelbestellungen. Aus der Klassenkasse stammt auch das Geld für ein Eis beim Ausflug, ein kleines Geschenk zum Geburtstag oder einen Adventskalender.

Überschlagen Sie vorher, wie viel Geld etwa benötigt wird. Es sollten keine überzogenen hohen Summen sein, aber auch nicht zu wenig. Planen Sie immer für ein Halbjahr.

Sammeln Sie die Quittungen der Ausgaben. Der Kassenstand sollte jederzeit für Eltern einsichtig sein – es gibt immer wieder Eltern, die dies hinterfragen.

→ **Verschiedene Lehrer**

Jeder Lehrer hat seine Eigenheiten. Manches ist ihm wichtig, anderes völlig unwichtig. Der eine legt Wert auf eine saubere Schrift, dem anderen ist es wichtiger, dass viel geschrieben wird. Der eine bevorzugt kreative Unruhe, der nächste möchte, dass es im Unterricht möglichst leise ist. Das ist völlig in Ordnung. Kinder können sich auf verschiedene Personen einstellen. Wichtig ist, ein gemeinsames Ziel zu verfolgen. Auf dem Weg dorthin dürfen sich Lehrer aber auch voneinander abgrenzen.

Gewisse Absprachen sollten Sie aber mit Ihren Kollegen treffen, z. B. zu bestimmten Ritualen, zum Umfang der Hausaufgaben, über hausaufgabenfreie Tage, Mappenführung, Ausgaben und Sitzordnung. Den Unterricht sollte jeder Lehrer individuell gestalten.

Oft haben nicht die Kinder, sondern eher die Eltern Probleme damit, sich an unterschiedliche Unterrichtsstile zu gewöhnen. Dann ist es ratsam, den Eltern die Gründe dafür transparent zu machen.

→ **Lehrerwechsel**

Der Schrecken aller Eltern ist ein plötzlicher Lehrerwechsel, z. B. aufgrund von Krankheit, Schwangerschaft oder Unfall.

Wenn möglich, sollte ein Lehrerwechsel fließend gestaltet werden. Der neue Lehrer könnte zuvor zu Besuch in den Unterricht kommen. Der ehemalige Lehrer könnte nach einiger Zeit der Klasse einen Besuch abstatten. Per Brief oder E-Mail halten die Kinder Kontakt zu ihm, was ihnen Schreibanlässe bietet.

In den seltensten Fällen läuft ein Lehrerwechsel ohne Probleme ab. Eine gute Zusammenarbeit zwischen den betreffenden Lehrkräften hilft allen Seiten, gemeinsam nach Lösungen zu suchen und Schwierigkeiten zu überwinden.

→ **Einladung der Familie**

Die Kinder möchten am liebsten ständig ihre ganze Familie mit in den Klassenraum nehmen. Alle sollen die schönen Bilder sehen, die an der Wand hängen. Jedes Kind möchte zeigen, wo es sitzt. Die gesamte Familie im Klassenraum – das geht natürlich nicht. Doch ein Blick ab und zu ist erlaubt.

Am besten lädt die Klasse an einem eigens dafür freigehaltenen Vormittag oder Nachmittag eine bestimmte Personengruppe in die Schule ein, z. B. die Eltern, jüngere Geschwister, Freunde aus anderen Klassen, jüngere Freunde aus dem Kindergarten oder die Großeltern. Die Einladungen gestalten die Kinder selbstständig.

Solche Veranstaltungen sollten unter einem bestimmten Motto stehen. Die Kinder führen etwas zum Thema vor oder zeigen Selbstgebasteltes. Die Aktion sollte zeitlich begrenzt werden.

Eine solche Veranstaltung ist kein Elternsprechtag. Eltern, die das erwarten, sollten korrigiert werden: Sie müssen einen anderen Termin ausmachen, denn heute stehen die Kinder im Mittelpunkt. Manche Eltern müssen übrigens lernen, nicht in der Öffentlichkeit über ihre Kinder zu reden. Solange es um Themen wie die ersten Schritte geht, mag das noch hinnehmbar sein. Aber im Grundschulalter muss nicht jeder – schon gar nicht die anderen Kinder – mitbekommen, wo Schwierigkeiten sind!

→ **Paten**

An den meisten Schulen sind ältere Schüler als Paten inzwischen für die Betreuung von Erstklässlern unerlässlich geworden.

Meist nimmt sich eine vierte Klasse einer ersten Klasse an: Jeder Schüler bekommt ein Patenkind zugewiesen. Sind zu viele Große da, haben ein paar Kinder das Glück, zwei Paten zu bekommen. Sind zu wenig Große da, müssen manche zwei Patenkinder annehmen.

Paten haben in erster Linie die Aufgabe, den Kleinen vor allem in den großen Pausen zu helfen, sich auf dem unüberschaubaren und noch recht fremden Schulhof zurechtzufinden. Am besten stellen Sie an einem der ersten Schultage die Paten vor und schicken sie mit ihren Patenkindern auf eine Entdeckungstour durch die Schule. Dabei können ihnen die Paten alle wichtigen Einrichtungen der Schule zeigen und erklären.

Es bietet sich an, dass die Paten mit ihren Patenkindern einen gemeinsamen Ausflug unternehmen, Klassenfeste zusammen feiern oder gemeinsam frühstücken. Vielleicht brauchen die Großen auch mal ein Publikum für eine Gesangs- oder Theatervorführung. In einer Freistunde (Randstunde) könnten Paten vereinzelt im Unterricht der Erstklässler mithelfen.

In den ersten Wochen sind die Großen oft sehr bemüht, die Kleinen zu beaufsichtigen. Die Mädchen laufen mit den Kleinen an der Hand herum. Die Jungen beziehen sie gerne in ihre Spiele ein. Das ist kein Klischee, sondern eine Beobachtung, die fast jeder bestätigen wird.

Später verliert sich die gegenseitige Aufmerksamkeit allmählich. Die Kleinen werden sicherer und gehen ihren eigenen Interessen nach. Die Großen bereiten sich langsam darauf vor, die Grundschule zu verlassen.

→ **Schere – Stifte – Kleber**

Es gibt immer wieder Kinder, denen ständig wichtige Utensilien für den Unterricht fehlen. Eine gewisse Zeit kann man das mit Leihgaben sicherlich auffangen, aber irgendwann kommt der Punkt, an dem es überhand nimmt: Selbst wenn Kinder bereits darauf aufmerksam gemacht wurden, fehlt am nächsten Tag trotzdem wieder die Schere oder der Radiergummi. Schreiben Sie diesen Kindern einen Brief, der direkt an diese adressiert ist *(Datei 36)*. Der Brief landet zwar in der Regel bei den Eltern, die sich auf diese Weise aber nicht so sehr angegriffen fühlen.

→ **Briefe an die Eltern**

Einladungen und Infopost für die Eltern kommen bei manchen Kindern leider immer total verknickt und noch dazu zu spät an. Um dies zu vermeiden, ist es gut, wenn die Kinder vorne in ihrer Schreibmappe eine Klarsichtfolie haben. In diese Folie kommt immer der Elternbrief. An Tagen mit Elternbriefen malen die Kinder in ihr Hausaufgabenheft zusätzlich zu den Hausaufgaben noch ein Briefzeichen hinein. So kommen mehr Briefe pünktlich und ordentlich zu Hause an.

→ **Kontakt zum Kindergarten**

Für viele Kinder ist es sehr wichtig, in ihrem ehemaligen Kindergarten zeigen zu können, dass sie inzwischen groß geworden sind und etwas Neues können. Es ist schön, wenn immer mal wieder Erstklässler den Kindergarten besuchen und dort berichten, wie sie ihre Schulzeit erleben. Damit unterstützen sie auch die Lehrer, die im nächsten Schuljahr eine erste Klasse übernehmen werden.

Vielleicht möchten die Kinder Briefe an ihre ehemalige Erzieherin schreiben. Vielleicht antwortet diese sogar, sodass die Kinder ihren ersten Briefkontakt entwickeln und dabei lernen, dass Schriftsprache sehr viele positive Seiten hat!

Planungsliste

Die ersten Schulwochen

- Sitzordnung regeln
    - Kinder, die sich gegenseitig stören, auseinandersetzen
    - Kinder immer mal wieder umsetzen
    - Kennenlernen in der Klasse fördern

- Materialien anschaffen und überprüfen
    - Bücher bereitlegen
    - Arbeitshefte austeilen
    - Stifte/Hefte/Mappen: austeilen/Vollständigkeit überprüfen
    - den Kindern helfen, das Richtige in die Schule mitzubringen

- Überprüfung und Dokumentation des Leistungsstandes
    - Buch über Auffälligkeiten bei den Kindern führen
    - einmal wöchentlich über jedes einzelne Kind kurz nachdenken und Stichworte zum Leistungsstand notieren
    - Ziele für die nächste Woche setzen
    - Einschätzungen mit Kollegen abgleichen

- Unterricht den Kindern anpassen
    - sich täglich fragen, ob der Unterricht den Anforderungen der Kinder entspricht

- Klassenraum gestalten
    - Bastelarbeiten der Kinder ausstellen
    - Lernhilfen an den Wänden platzieren
    - Geburtstagskalender erstellen

- Klassengemeinschaft fördern durch
    - gemeinsame Spiele
    - neu gestaltete Sitzordnung
    - Bilder und Fotos im Klassenzimmer

- Frühstücksrituale abklären
    - Rituale für die Frühstückspause einführen
    - diese einhalten und nicht verschieben

- Essen und Trinken im Unterricht
    - deutlich sagen, wann die Kinder essen und trinken dürfen und wann nicht
    - darauf achten, dass dies eingehalten wird

- Große Pause für die Kinder organisieren
  - Schulhof und seine Grenzen zeigen
  - Aufgaben der Aufsicht erklären
  - Toiletten zeigen
  - Bedeutung der Pausenklingel/des Pausengongs erklären
  - Ein- und Ausgänge zeigen

- Klassenregeln verständlich aufschreiben
  - Regeln mit den Kindern entwickeln
  - Regeln durch Piktogramme veranschaulichen
  - Konsequenzen bei Nichtbeachten von Regeln einführen

- Dienste
  - erklären
  - wöchentlich neu verteilen
  - Einhaltung im Klassenverband überprüfen

- Rituale einführen
  - Stuhlkreis
  - Beginn des Tages
  - Erzählen vom Wochenende
  - Einführung von Buchstaben

- Geburtstage
  - Geburtstagskalender führen (gemeinsam mit den Kindern)
  - Feier durchführen
  - immer einen Vorrat an Kerzen, Geschenke etc. bereithalten

- Fehler
  - zulassen
  - besprechen
  - Hilfestellungen geben

- Klassentagebuch
  - verteilen
  - vorlesen

- Eltern bei Bedarf einbinden
  - Elterpflegschaftssitzung einberufen
  - Arbeitsfelder definieren (die Regeln legen Sie fest)
  - Gesprächstermine anbieten
  - Kommunikation bei Problemen
  - Umgang mit Fehlzeiten/Entschuldigungen/gesundheitlichen Problemen kommunizieren

Die ersten Wochen

- Adressen abgleichen, evtl. gesundheitliche Probleme der Kinder notieren
  - Adressen und Telefonnummern der Kinder bestätigen lassen
  - Notfallnummern einholen
  - für alle Kollegen auffindbar auslegen
  - Informationen über gesundheitliche Beeinträchtigungen, ggf. Notfallmaßnahmen einholen

- Schulranzen
  - Ordnung in den Schulranzen überprüfen
  - den Kindern Hilfestellung geben, Ordnung zu halten
  - Gewicht überprüfen
  - Kinder anleiten, nicht notwendige Dinge in der Schule oder zu Hause zu lassen

- Schulweg
  - Schulweg mit den Kindern besprechen
  - Straßenüberquerung an Zebrastreifen und Ampeln üben
  - Aussteigen aus Bus oder PKW besprechen und trainieren

- Kranke Kinder
  - Genesungswünsche schicken

- Sportunterricht
  - Regeln festlegen (Sportsachen, Entschuldigungen)

- Verschiedene Lehrer
  - Absprachen über Regeln
  - Absprachen über Hausaufgaben
  - Kontakt zu Eltern

- Paten
  - in den ersten Wochen wichtig
  - ältere Schüler einweisen
  - Paten zeigen die Schule, helfen den Kindern auf dem Schulhof
  - dienen als Ansprechpartner
  - gemeinsame Aktionen planen

- Kontakt zum Kindergarten
  - Briefe schreiben
  - Besuche anregen